AF361112

LES MACHINES ÉLECTRIQUES

ALTERNATIVES A COLLECTEURS

Papier et Impression L. GEISLER

AUX CHATELLES

PAR RAON-L'ÉTAPE (VOSGES)

ENCYCLOPÉDIE
ÉLECTROTECHNIQUE

PAR

UN COMITÉ D'INGÉNIEURS SPÉCIALISTES

F. LOPPÉ, INGÉNIEUR DES ARTS ET MANUFACTURES,
SECRÉTAIRE

LES MACHINES ÉLECTRIQUES
ALTERNATIVES A COLLECTEUR

Commutatrices — Moteurs à répulsion

Moteurs série compensés — Moteurs Mixtes

PAR **L. BARBILLION**

DIRECTEUR DE L'INSTITUT ÉLECTROTECHNIQUE DE GRENOBLE
PROFESSEUR A L'UNIVERSITÉ.

PARIS

LIRRAIRIE DES SCIENCES ET DE L'INDUSTRIE
L. GEISLER, IMPRIMEUR-ÉDITEUR
1, Rue de Médicis, 1

1910

LES MACHINES ÉLECTRIQUES ALTERNATIVES A COLLECTEURS

COMMUTATRICES — MOTEURS A RÉPULSION
MOTEURS SÉRIE COMPENSÉS — MOTEURS MIXTES

CHAPITRE PREMIER

Commutatrices.

CONSTITUTION GÉNÉRALE ET FONCTIONNEMENT DES COMMUTATRICES MONOPHASÉES

PRINCIPE DE LA COMMUTATRICE. — RAPPORTS DE LA COMMUTATRICE ET DU MOTEUR SYNCHRONE.

On connait le rôle très important de la f.c.é.m. dans un moteur synchrone. Dans un tel moteur, on laisse l'enroulement induit simplement fermé sur la source. Dans ce cas général, la f.c.é.m. tend simplement à créer un courant inverse (I_q) du courant moteur (I_m), courant (I_m) qui serait donné par

$$I_m = \frac{U}{R},$$

si, pour simplifier, le moteur était supposé non inductif et calé (R, résistance de l'induit du moteur, force contrélectromotrice nulle).

Alors, le courant moteur effectif, soit $\mathcal{I}_m$, est donné par la différence algébrique :

$$\mathcal{I}_m = \frac{U - E'}{R}$$

les quantités $\mathfrak{I}_m$, U et E' sont nécessairement périodiques alternative et de même période.

Dans le cas réellement pratique d'un moteur *selfique*, on se reportera aux diagrammes donnés dans tous les cours relatifs aux moteurs synchrones, et notamment à ceux si remarquables indiqués par Blondel. Nous représenterons successivement par $\mathfrak{B}_i$ l'induction en un point de l'entrefer, et par Φ_i le flux total émanant d'un pôle inducteur.

Soient de même (fig. 1 et 2) :

e_g la f.é.m. dans un conducteur, rapportée à la position du conducteur.

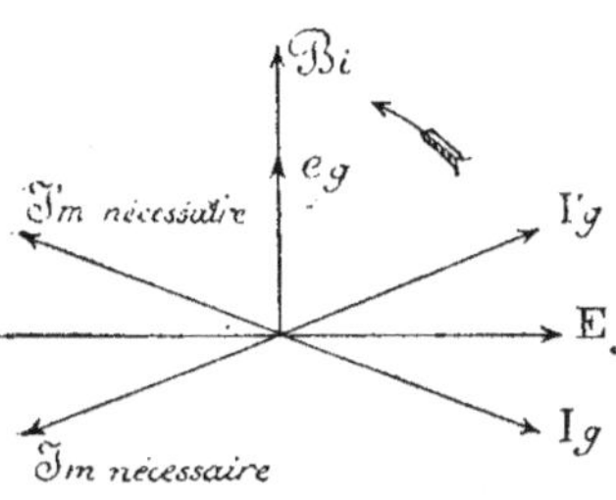

Fig. 1. — Schéma des situations respective des flux, f.é.m. et courants, dans un moteur synchrone.

E_g la f.é.m. dans une spire, rapportée à l'axe de la spire, ou droite perpendiculaire au plan de celle ci et passant par son centre.

Au contraire de ce qui se passe dans un moteur synchrone, permettons à cette f.c.é.m. de travailler sur un circuit spécial, différent de la source. — Elle nous donnera la possibilité de développer une certaine énergie, une certaine puissance, et la machine appelée *commutatrice* permettra de transformer l'énergie fournie sous une forme en énergie électrique d'une autre forme.

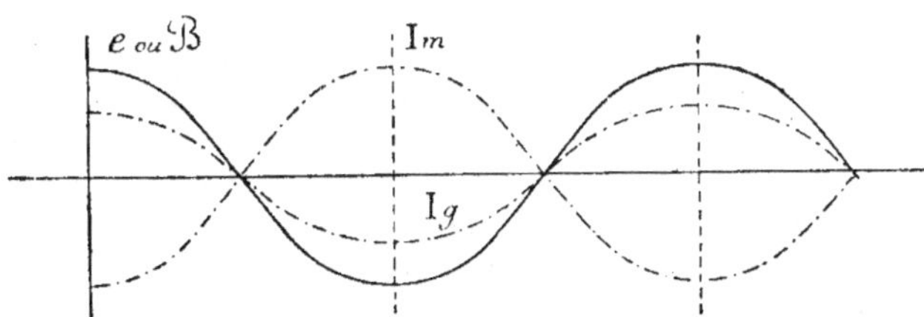

Fig. 2. — Moteur synchrone. Situations respectives des tensions et des courants (supposés sans décalage et rapportés aux positions d'un conducteur).

La commutatrice matérialise donc l'existence, que l'on peut signaler dans le moteur synchrone, comme dans tout moteur du reste, d'un moteur confondu avec un générateur, celui-ci tendant à produire un courant I_a de sens opposé au courant d'alimentation (fig. 1 et 2).

Pour mieux concevoir la chose, considérons un développement d'alternateur, fendu suivant une génératrice, les pôles étant au-dessus du développement de l'induit pour un observateur supposé couché sur la carcasse inductrice. Nous aurons la représentation ci-dessous (fig. 3).

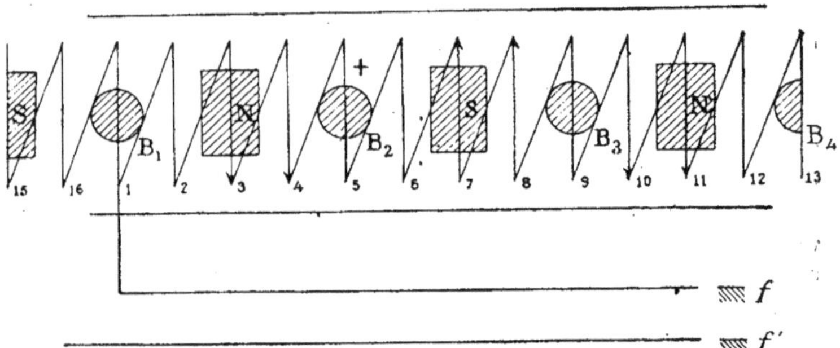

Fig. 3. — Développement d'un alternateur à balais et à circuit fermé pouvant constituer en même temps une génératrice à courants continus.

La f.é.m. et les courants sont rapportés à un index qu'on suppose coïncider avec ledit conducteur-génératrice.

Si nous considérons un développement du type de celui de la figure 3, nous voyons que les f.é.m. développées dans les conducteurs compris dans l'espace délimité par deux lignes interpolaires consécutives sont de même signe. Entre deux balais fixes calés sur les génératrices, à chaque instant matériellement différentes, qui viennent occuper les positions fixes figurées par les lignes interpolaires, se développera une f.é.m. continue E_c, l'un des balais jouant le rôle de balai positif, l'autre de balai négatif. Le passage de cette conception simpliste du fonctionnement des dynamos à courant continu au cas pratique de la machine à collecteur est tellement évident que nous ne nous y arrêterons pas. On dispose donc en fait ici, entre deux balais consécutifs, de f.é.m. tantôt positives, tantôt négatives, sur lesquelles on peut effectuer, au point de vue des couplages, les mêmes combinaisons que sur une machine à courant continu ordinaire, à cette réserve près que, dans les conducteurs du développement, circulera en général à la fois un courant continu et un courant alternatif, dus respectivement à la tension alternative U et à la f.é.m. continue E_c.

Ces courants créeront des chutes de potentiel et, sous peine de courants de circulation, c'est-à-dire propres à l'induit, intenses, il conviendra que les potentiels de certains points de jonction en parallèle des circuits induits soient les mêmes, en tenant compte de cette superposition des doubles courants et des chutes de tension combinées qui en résultent. C'est là tout le problème d'établissement des commutatrices. Nous allons voir ci-après combien il est délicat.

Cas d'un alternateur à enroulement ouvert en deux points. -— Considérons d'abord le cas général d'un alternateur monophasé, avec circuit induit en série, par exemple, ouvert en deux points.

Il est facile de voir que le fonctionnement de cette machine — côté courant continu — est extrêmement difficile, sinon impossible à réaliser.

En effet, le régime du courant I_c dépend évidemment de E_c, f.é.m. engendrée dans la section, à une condition cependant, c'est que le régime de chutes de tensions alternatives soit établi, et le même pour toutes les sections. Supposons qu'il en existe quatre, donc quatre balais.

Or, dans la section contenant les deux bornes d'adduction de la tension U, les conditions de régime des chutes de tensions alternatives sont évidemment très différentes de ce qu'elles sont dans les trois autres sections.

D'où la quasi impossibilité d'emploi d'alternateurs à circuit ouvert pour la constitution des commutatrices, ou en tous cas l'extrême difficulté de la réalisation de ce procédé (1).

Il est du reste à remarquer qu'une chaîne de conducteurs interrompue en un ou plusieurs points, comme l'induit d'un alternomoteur-commutatrice à circuit ouvert, ne se prêterait pas à la sommation de f.é.m. continues développées de balais à balais. Cette somme de f.é.m. devrait se fermer par l'intermédiaire des enroulements du générateur à courants alternatifs alimentant la commutatrice.

---

(1) Il nécessiterait, nous ne pouvons nous étendre longuement à ce sujet, une ingénieuse combinaison de propriétés des alternateurs à circuit ouvert avec celles de dynamos à circuits ouverts qui ne constituent plus aujourd'hui qu'une curiosité scientifique.

Cas d'un alternateur à enroulement fermé. — Comme on le sait, c'est là un mode beaucoup moins général de constitution des alternateurs. Il présente néanmoins, dans le cas qui nous occupe, un intérêt exceptionnel.

L'alternateur sera, par exemple, du type *Gramme* normal, à enroulement fermé. D'après la règle des trois doigts (1), les sens relatifs des *champs*, *chemins* et *courants* induits, dans le cas des génératrices (main gauche) sont figurés ci-dessus (fig. 3).

Imaginons, pour plus de simplicité, que l'enroulement soit en anneau et que le moteur synchrone étudié soit monophasé. Les conducteurs 1 et 9 d'une part, 5 et 13 d'autre part, sont par exemple reliés aux deux bagues d'alimentation qui reçoivent le courant alternatif par les frotteurs ff' portant sur ces bagues.

En 1, 5, 9, 13, les f.é.m. développées sont nulles ou à peu près. Les conducteurs étant supposés dénudés, sur une partie de leur surface extérieure à l'induit (c'est-à-dire vers l'entrefer), si l'on installe des frotteurs fixes en B_1, B_2, B_3, B_4, on récoltera entre deux de ces balais $B_1 B_2$, $B_2 B_3$, etc...; une f.é.m. analogue à celles engendrées dans les dynamos à courants continus, sans collecteurs.

La f.é.m. E_c, ainsi récoltée, aura pour valeur la somme des f.é.m. moyennes e_{moy} des $\dfrac{n}{2p}$ conducteurs actifs correspondant à un pôle.

Supposons $\mathfrak{B}_i$, induction dans l'entrefer, de forme sinusoïdale. La f.é.m. ainsi créée E_c aura pour valeur

$$E_c = \frac{n}{2p} \, e_{moy},$$

---

(1) Voir dans notre *Cours Municipal d'Électricité industrielle de Grenoble*, GEISLER, éditeur, la forme particulièrement simple proposée pour la règle des trois doigts. En voici un résumé : Les trois arêtes du trièdre trirectangle constitué par le pouce, l'index et le médius de la main *Gauche* (Génératrice) correspondent au CHamp (lignes de forces considérées comme partant d'un pôle Nord pour aboutir à l'induit) au CHemin (sens de déplacement de la partie mobile) et au COurant (force électromotrice engendrée, dans le cas de la *génératrice*), CHamp, CHemin, COurant étant groupés par ordre orthographique.

Les trois premiers doigts de la main *Droite* correspondent également au CHamp, CHemin, COurant, dans la marche en moteur.

Ces deux trièdres étant opposables, il en résulte :

1° Que les champs et le sens de marche étant conservés, le *courant moteur* est opposé au courant *générateur;*

2° Que l'on inverse le sens de marche, en modifiant seulement le sens d'un des deux facteurs *champ* ou *courant*, mais que, dans la même hypothèse, le sens de marche n'est pas changé, quand on passe du fonctionnement en moteur au fonctionnement en génératrice; — il est par contre inversé quand on modifie concurremment les sens des courants et des champs

e_{moy} étan la f.é.m. moyenne développée dans un conducteur. Or :

$$\mathcal{B}_{moy} = \frac{2}{\pi}\, \mathcal{B}_{max}$$

$$e = \mathcal{B}\, LV.$$

Donc :

$$\boxed{E_c = \frac{n}{2p}\, \frac{2}{\pi}\, \mathcal{B}_{max}\, LV}$$

La sommation des f.é.m. e_{moy} est parfaitement légitime sur un circuit spécial de balai à balai. L'introduction des balais B et la fermeture des balais-bornes B_1 et B_2 sur un circuit nouveau ne modifie en rien le fonctionnement de la machine, sauf accroissement du courant effectif I_m d'alimentation du moteur, si le générateur $B_1 B_2$ fournit de l'énergie à un réseau, au lieu de rester à circuit ouvert.

Couplage des balais. — B_1, B_3 par exemple sont négatifs, B_2 et B_4 sont positifs. Les balais ne sauraient être couplés en série, puisque le courant part des derniers pour revenir aux premiers par le circuit à desservir (fig. 4) (1).

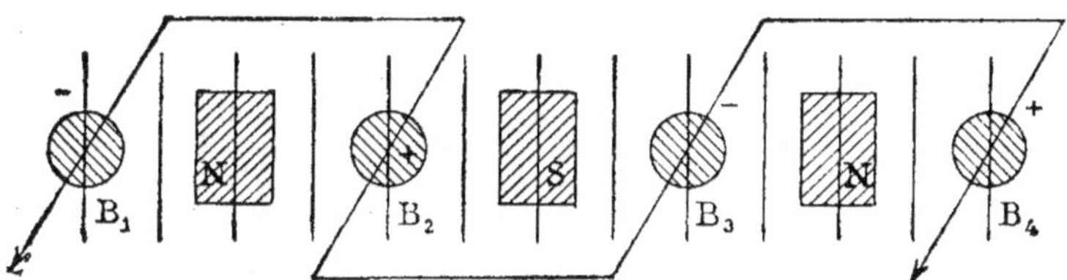

Fig. 4. — Impossibilité du couplage en série qui court-circuiterait les enroulements.

Dans les balais d'un alternateur à circuit ouvert, seule disposition adoptée aujourd'hui en général pour toutes les machines autres que les commutatrices, les potentiels des points xx', extrémités du

---

(1) On peut du reste le comprendre très aisément en remarquant qu'à un certain moment la tension alternative U s'annulant, qu'à un autre, l'intensité I_m faisant de même, si ce couplage était adopté, les f.é.m. E_c seraient court-circuitées par les conducteurs-jonctions de balais à balais.

circuit à courant alternatif, ne sont pas les mêmes si l'alimentation
de l'alternomoteur ne se fait qu'en un point (circuit induit en série).
Ils différeront entre eux de la différence de potentiel alternative
de la source U ; bien que les forces électromotrices continues récoltées
entre balais B_1B_2, B_2B_3, etc., soient constantes, les échelles de
potentiel seront différentes, et les couplages en parallèle de balais
seront, eux aussi, nous l'avons dit et nous le répétons, en général
impossibles (fig. 4 et 5).

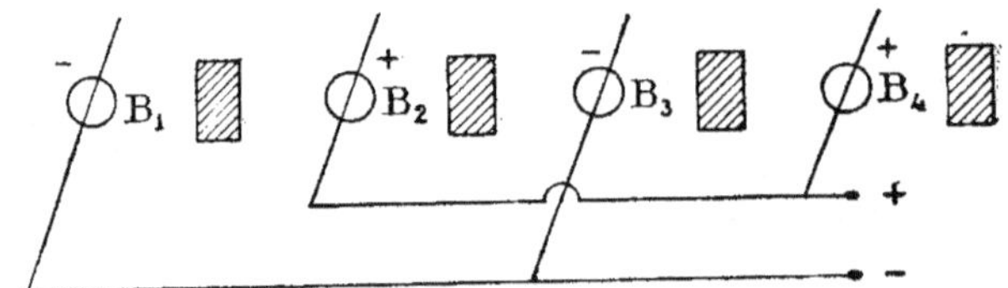

Fig. 5. — Couplage en parallèle possible si les potentiels alternatifs de B_1B_3, B_2B_4
sont les mêmes.

On peut dire de ces f.é.m. que celles ci ne seront définies qu'au
zéro près. Si l'on veut, dans le cas de l'alternateur à circuit fermé,
effectuer le couplage des balais B_1, B_2, B_3, B_4 en parallèle, il faut que
les potentiels des points B_1, B_2 par exemple, soient les mêmes, c'est-
à-dire que le moteur synchrone comporte autant de circuits dérivés
que de paires de balais (fig. 5 et 6).

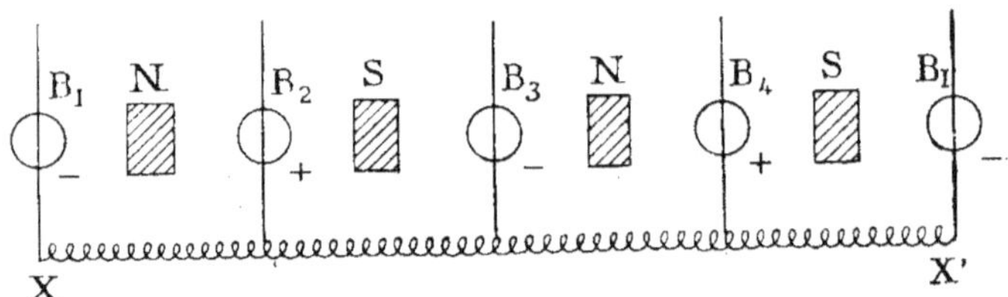

Fig. 6. — Dans le cas où il n'y a qu'une liaison entre l'induit et chaque bague, nécessité
de $2p$ circuits distincts de travail pour le courant continu.

En effet, réunissons aux bagues les conducteurs 1, 5, 9, 13.
Nous aurons deux circuits alternatifs en parallèle, donc la possibilité de deux circuits à courant continu en parallèle, et groupant
B_1, B_3, d'une part, B_2, B_4, d'autre part, en parallèle. L'induit est un
véritable anneau, donc à enroulement fermé avec quatre prises
équidistantes, deux à deux reliées aux bagues (fig. 7).

Dans la réalité, les commutatrices sont presque toujours à enroulement tambour, mais on passera très aisément de la conception anneau à la conception tambour en utilisant les propriétés élémen-

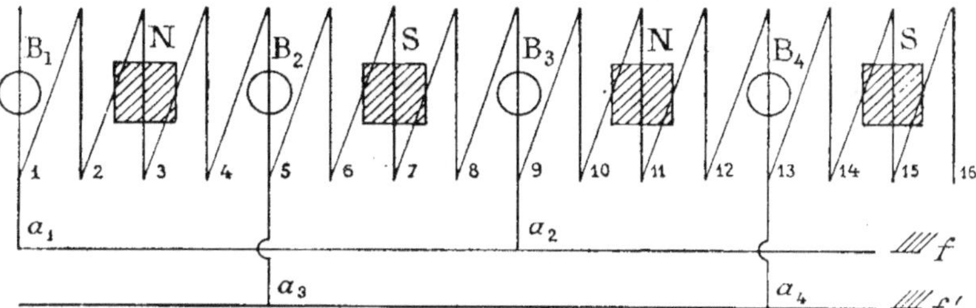

Fig. 7. — Constitution d'une commutatrice avec un alternateur à anneau Gramme fermé.

taires et bien connues des enroulements des machines dynamos à courant continu, propriétés sur lesquelles nous n'insisterons pas.

Quand l'induit se déplacera, entraînant dans son mouvement les $2p$ liaisons (fig. 7) :

$$a_1, \quad a_3; \quad a_2, \quad a_4.$$

le courant alternatif passera dans les sections comprises entre $a_1 \, a_4$, $a_2 \, a_3$, etc., mais en outre, en vertu du synchronisme,

$$\Omega = \Omega_1$$

quand une section $a_1 \, a_3$ passera de $B_1 B_2$ en $B_3 B_4$, le point figuratif de la sinusoïde représentant le courant alternatif qui l'alimente aura décrit une période entière (1).

Une commutatrice monophasée sous sa forme la plus générale ne sera donc autre chose qu'une machine à circuit fermé présentant autant de balais que de prises équidistantes sur l'induit reliant celui-ci aux bagues.

ÉTUDE DE LA FORME DU COURANT I RÉSULTANT, DANS UNE COMMUTATRICE

Expression de la f.é.m. continue. — Représentons toujours par I_m le courant moteur qu'il faut fournir à la commutatrice pour

---

(1) Le synchronisme caractérise en effet l'égalité de la pulsation $\Omega = p\omega$ du courant alternatif d'alimentation (p nombre de paires de pôles, ω vitesse angulaire de la machine génératrice) et de la pulsation $\Omega_1 = p_1 \omega_1$ (p_1 nombre de paires de pôles du moteur synchrone fonctionnant en commutatrice, ω_1 vitesse angulaire de cette machine).

assurer son fonctionnement, par E_c et I_c la f.é.m. continue et le courant produit. Supposons tracées la courbe $\mathcal{B}$ ou mieux $\mathcal{B}_i$ des inductions dans l'entrefer (due aux inducteurs seuls, fig. 8).

Nous pourrons calculer E_c :

Soient n conducteurs périphériques (n spires dans le cas d'un anneau). Les f.é.m. développées dans les $\dfrac{n}{2p}$ conducteurs en série entre $B_1 B_2$ ont pour somme :

$$\frac{n}{2p} e \text{ moy},$$

e_{moy} étant l'ordonnée moyenne de la courbe

$$e = \mathcal{B} LV,$$

(e f.é.m. développée dans un conducteur) (1).

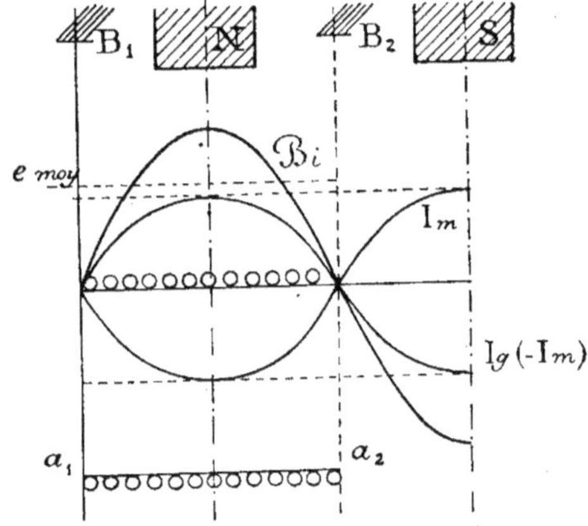

Fig. 8. — Situations respectives des courants, tensions et f.é.m. dans une commutatrice. Représentation par rapport à la position du conducteur pris comme index.

On a donc :

$$\frac{n}{2p} \times e_{\text{moy}} = \frac{n}{2p} \mathcal{B}_{\text{moy}} LV$$

$$= \frac{n}{2p} \mathcal{B}_{\text{max}} \frac{2}{\pi} LV,$$

---

(1) L et V, longueur utile et vitesse tangentielle du conducteur étant constantes, les ordonnées de e sont proportionnelles à celles de $\mathcal{B}$.

en supposant $\mathcal{B}(x)$ sinusoïdale; c'est-à-dire en admettant cette forme pour la courbe $\mathcal{B}$ des inductions en fonction des angles x décrits sur l'induit. On a représenté sur la même figure la courbe $I_m(x)$ (avec, pour simplifier, un décalage nul entre l'intensité et la tension), courbe des courants à envoyer dans le conducteur en fonction des positions occupées par ce conducteur, pour réaliser le synchronisme dans les meilleurs conditions possible : décalage nul.

Nous savons de même qu'à E_c correspondra un courant I_c, si la résistance extérieure est R.

Considérons une section donnée $a_1 a_2$, par exemple, de la commutatrice. Quand a_1 et B_1, a_2 et B_2 coïncideront, si $\psi = 0$ (angle de I_{y} avec E_{y}, ou de $-I_m$ avec E_{y}), (fig. 1), le courant I_m sera maximum en valeur absolue, mais son maximum sera opposé à celui de E_g.

Représentons les courants continus I_c, existant dans les sections $B_1 B_2$, par des droites parallèles aux abscisses, d'ordonnées positives, par exemple, pour les sections d'induit où I_m circulant en sens contraire (sens négatif); ces deux courants sont opposés (loi de Lenz).

Du reste I_{max} sera toujours de sens opposé à ce courant I_c, ce qui nous fixe pour la représentation de ce dernier, quel que soit le décalage ψ.

Courant dans la section $a_1 a_2$ quand elle coïncide avec $B_1 B_2$. — Ce sera $I_{m\,max} - I_c$, si l'on suppose toujours
$$\psi = 0.$$

Au fur et à mesure que $a_1 a_2$ se déplacera par rapport à $B_1 B_2$, I_m changera (fig. 8, 9 et 10).

Prenons, comme repère des positions de $a_1 a_2$, la perpendiculaire élevée au milieu de la section.

Soit le mouvement s'effectuant dans le sens de la flèche.

On voit que si l'on appelle x l'angle décrit par l'index, c'est-à-dire celui de l'axe A avec l'axe polaire N, on trouve :

1° En AA′ le courant alternatif correspondant;

2° En A‴A″, le courant total passant dans la portion de $a_1 a_2$ à gauche de B_2 : $I_m - I_c$;

3° En A″A, le courant total passant dans la portion de $a_1 a_2$ à droite de B_2 : $I_m + I_c$.

APPLICATION. — Nous pouvons chercher la forme du courant dans la commutatrice aux instants successifs, comme dans le cas du conducteur-repère coïncidant avec l'axe, mais ce ne sera pas le

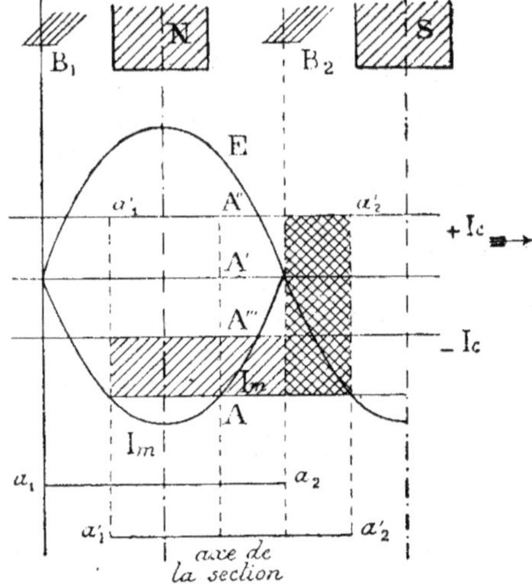

Fig. 9. — Représentation graphique des courants dans une section $a_1 a_2$ de commutatrice.

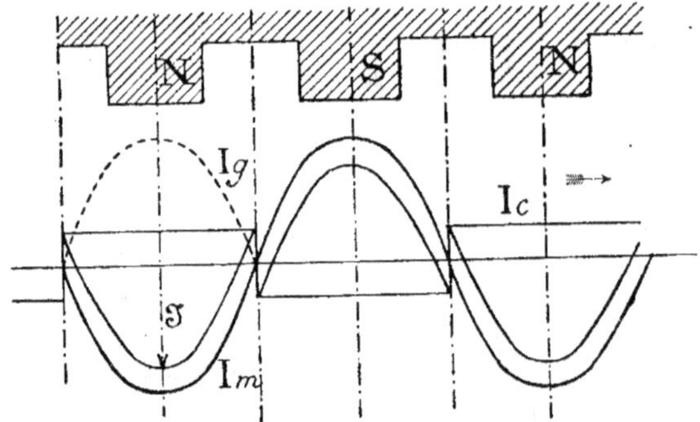

Fig. 10. — Courant résultant dans le conducteur axial d'une bobine.

courant général dans la section $a_1 a_2$, car à ces divers instants, les sections telles que $a_1 a_2$ sont partagées en deux fractions, soit de

$$\frac{n}{2p} \times \frac{\alpha}{2p}$$

conducteurs dans l'une et de

$$\frac{n}{2p} \frac{\frac{2\pi}{2p} - \alpha}{\frac{2\pi}{2p}}$$

dans l'autre, fractions dans laquelle I_m est bien le même, mais dont la première est parcourue par I_c circulant dans un sens, et la deuxième par I_c circulant en sens contraire.

$\mathfrak{I}$ ou $\mathfrak{I}_a$ représentera le courant *axial* de la commutatrice, ou prédominant dans la section (fig. 10).

Donc la représentation du courant $\mathfrak{I}'$, relatif à la fraction de la section dans laquelle le nombre de conducteurs est le plus faible. s'obtiendra aisément en composant la courbe I_m avec l'ordonnée I_c,

Remarque. — Si ψ est $\gtreqless 0$, il suffira de faire glisser I_c et I_m d'une quantité convenable, l'un par rapport à l'autre, de manière à avoir dans chaque cas, la nouvelle valeur du courant complexe $\mathfrak{I}$.

Représentation algébrique des intensités. — On a évidemment dans le cas le plus général de $\psi \gtreqless 0$:

$$\mathfrak{I} \text{ intensité axiale} = I_0(\cos\Omega t - \psi) - I_c$$

$$\mathfrak{I}' \text{ intensité complémentaire} = I_0(\cos\Omega t - \psi) + I_c.$$

nous verrons tout à l'heure quelles relations très simples existent entre I_o et I_c.

La représentation du courant $\mathfrak{I}'$, relatif à la fraction de la bobine dans laquelle le nombre de conducteurs est le plus faible, s'obtiendrait aisément en composant la courbe I_c avec l'ordonnée I_m.

Si $\psi \gtreqless 0$, il suffit de faire glisser, nous le rappelons, les deux courbes I_c et I_m d'une quantité convenable l'une par rapport à l'autre, pour avoir l'intensité complémentaire $\mathfrak{I}'$.

NULLITÉ THÉORIQUE DE LA RÉACTION D'INDUIT DANS UNE COMMUTATRICE MONOPHASÉE

Les résultats précédents supposent nulle la réaction d'induit. [$\mathfrak{B}_i$ étant relatif au flux inducteur proprement dit]. Ici la réaction d'induit, si elle existe, est double : une partie en est due au courant continu et l'autre au courant alternatif.

Considérons encore (fig. 9 et 11) le flux Φ'_c dû au courant continu. Parmi les autres dus au courant alternatif, un seul est, comme on sait, à considérer (Φ'_a, flux fixe). Cherchons le flux résultant Φ' de ces deux composants; ce flux résultant combiné à Φ_i nous donne le flux résultant définitif Φ_R produisant la f.é.m. effective E_g.

Opérons encore sur les (at) et non sur les flux, avec les réserves habituelles faites en pareil cas (1).

Soient toujours n conducteurs périphériques, $2\,p$ pôles; supposons les balais $B_1 B_2$ calés suivant les lignes neutres (induc-

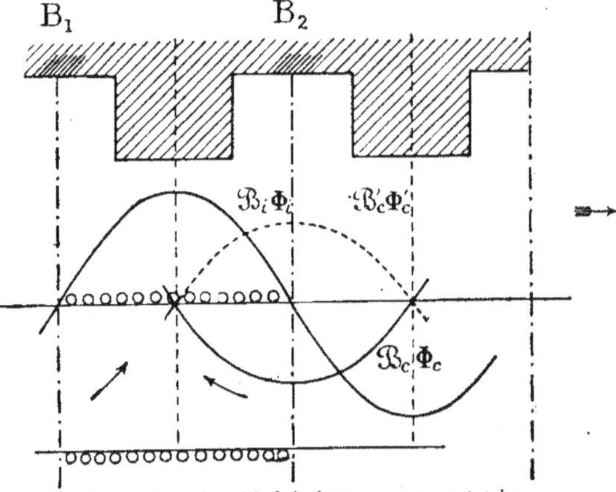

Fig. 11. — Réaction d'induit dans une commutatrice.

tion $\mathfrak{B}_i$ nulle). Les (at) transversaux continus sont donnés par $\dfrac{n}{2\,p}\,I_c$, I_c courant continu passant dans une des sections. On sait que l'on peut représenter $\mathfrak{B}'_c$ dû au flux Φ'_c considéré comme s'il existait seul, par la courbe $\mathfrak{B}'_c$ en quadrature avec $\mathfrak{B}_i$ (en retard d'un quart de période, génératrices à courant continu, fig. 11).

De même, d'après ce que nous savons des alternateurs, si I_{eff} est le courant alternatif dû à la source, il existe un flux Φ'_a fixe,

---

(1) On trouvera, cette théorie étant malheureusement trop longue et trop délicate pour trouver place ici, un exposé de la réaction d'induit des machines dynamos à courant continu d'une part, des alternateurs, d'autre part, dans notre *Cours municipal d'Électricité industrielle* (Geisler, éditeur, à Paris), 1re et 2e partie.

en quadrature avec $\mathscr{B}_i$, mais en retard d'un quart de période avec $\mathscr{B}_i$ [moteur synchrone $I_m = - I_y$], soit pour simplifier $\psi = 0$, avec $\alpha = 0$. Ceci revient à supposer qu'il n'y a pas de décalage dans la commutatrice, et que les balais sont calés sur les lignes neutres. Alors Φ'_a et Φ'_c sont en opposition. On va démontrer que si l'on suppose $\alpha = 0$, $\psi = 0$, et le rendement de la commutatrice égal à l'unité [hypothèse peu grave, étant donné l'excellent rendement de ce genre de transformateur] on a en valeur absolue :

$$\Phi'_a = \Phi_c,$$

c'est-à-dire qu'à l'ondulation près due au flux mobile de réaction d'induit Φ''_a (de période $\dfrac{T}{2}$, pulsation $2\,\Omega$) la réaction d'induit dans une commutatrice est nulle [en pratique, cette conclusion signifie qu'on doit, au point de vue spécial de la modification par l'induit de l'induction due aux inducteurs, ne constater qu'un effet intégral ou moyen nul].

En effet, nous nous appuierons pour démontrer cette propriété sur les lemmes suivants :

RELATION ENTRE LES TENSIONS ET INTENSITÉS ALTERNATIVES ET CONTINUES DANS UNE COMMUTATRICE MONOPHASÉE

1er LEMME. — *La tension maxima U aux bornes est pratiquement égale à E_c dans une telle commutatrice.* — En effet, dans le moteur synchrone, constitué par la commutatrice, on a, si $z I_{eff}$ (chute de tension totale dans le moteur, z impédance de celui-ci) est très faible devant $E_{eff} \sim U_{eff}$ (rendement voisin de 1) (1)

$$\text{angle } \Psi \sim \text{angle } \Phi \left| \begin{array}{l} \Psi = (\widetilde{E_g, - I}) \text{ ou } (\widetilde{- E_g, I}) \\[2mm] \Phi = (U, I). \end{array} \right.$$
$$U_{eff} \sim \frac{n}{2p}\, e_{g\,eff}$$

Il convient de ne pas oublier que la f. c. e. m. ou f. e. m. du générateur constitué par la section entre bagues :

$$E_g = \frac{n}{2p}\, e_g$$

---

(1) Le signe $\sim$ signifiant *environ*.

représente le produit par $\dfrac{n}{2p}$ de la f.é.m. induite dans le conduc-

teurs axial, et non dans un conducteur quelconque de la section entre bagues. Or, on sait, d'autre part, que E_c est donnée par :

$$\frac{n}{2p}\,e_{\mathrm{moy}} = \frac{n}{2p}\,\frac{\Sigma e}{\frac{n}{2p}},$$

où Σe représente la somme des f. é. m. engendrées dans les $\dfrac{n}{2p}$ conducteurs compris entre B_1 et B_2. On a évidemment :

$$e_{\mathrm{moy}}\frac{n}{2p} = E_c.$$

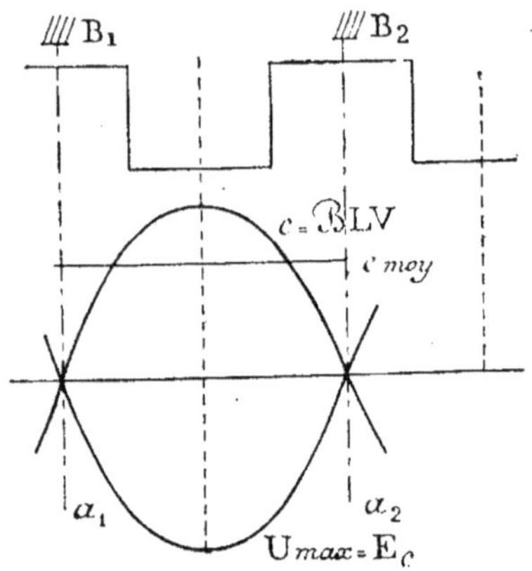

Fig. 12. — Relation entre la tension maxima alternative et la tension continue dans une commutatrice.

De plus, quand B_1 et B_2 coïncident respectivement avec a_1 et a_2 (corde des balais coïncidant avec la corde des bagues), il faut évidemment (toujours si $\Psi = 0$, $x = 0$) que U soit approximativement égal à :

$$\Sigma e_g = E_g,$$

valeur de la f.c.é.m. à ce moment. Or, à ce même moment, la tension est maxima (fig. 12) et

$$E_g = \Sigma e = E_c \quad \text{ou} \quad \left(\frac{n}{2p}\,e_{\mathrm{moy}}\right).$$

On a donc la relation approchée, mais très suffisante en pratique

$$\boxed{U_{\max} = E_c} \tag{1}$$

qui n'est rigoureusement valable que dans les hypothèses précédentes ($\alpha = 0$, $\Psi = 0$) auxquelles il convient d'ajouter celle d'une chute de tension ohmique négligeable (1).

Remarque. — On voit le caractère très spécial du fonctionnement de la commutatrice, caractère lié à l'existence d'un rapport constant entre la tension alternative entre bagues et la tension continue entre balais.

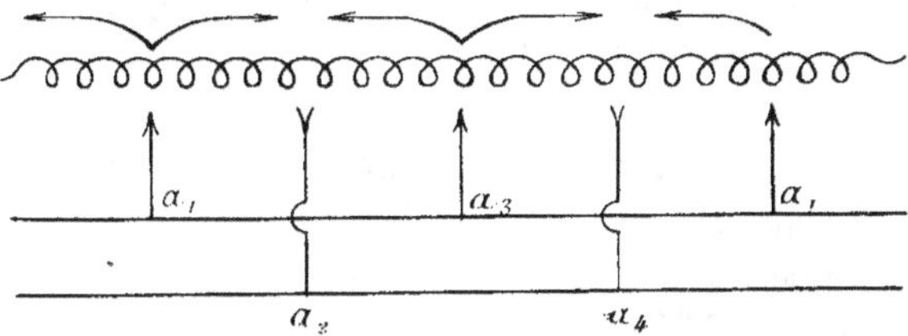

Fig. 13. — Partage des courants dans une commutatrice monophasée.

Remarquons que, dans le cas d'une commutatrice monophasée bipolaire (2 pôles, 2 balais, 2 prises, 2 bagues), si nous continuons à appeler I_{eff} le courant dans une phase, I_c le courant dans une section continue, $\mathcal{J}_{eff}$ le courant de ligne alternatif, $\mathcal{J}_c$ le courant de ligne continu, on aura évidemment (fig. 13 et 14) :

$$2 I_c = \mathcal{J}_c$$
$$2 I_{eff} = \mathcal{J}_{eff}.$$

Si la commutatrice a $2p$ pôles, on pourra évidemment écrire, avec les mêmes notations :

$$2p\, I_c = \mathcal{J}_c$$
$$2p\, I_{eff} = \mathcal{J}_{eff}$$

2ᵉ Lemme. — *Principe de la conservation des puissances. Valeur maxima du courant alternatif.* — Si l'on suppose encore le rendement égal à 1, on a évidemment l'égalité approchée :

$$\boxed{U_{eff} I_{eff} = E_c I_c} \tag{2}$$

___

(1) Nous représentons par Ψ l'angle ($- E_g$, I), de la f. c. é. m. du moteur synchrone et de l'intensité I (ou I_m) motrice, sur le diagramme circulaire (vitesse angulaire de rotation égale à la pulsation Ω du courant d'alimentation). Nous représentons par $\psi = \dfrac{\Psi}{p}$ l'angle de décalage de ces courbes (E_g) et ($- I$) sur le développement de l'alternateur-moteur.

et si $\Psi = p\psi \gtreqless 0$, $\alpha \gtreqless 0$, l'égalité plus générale :

$$\boxed{U_{\text{eff}} I_{\text{eff}} \cos p\psi = E_c I_c \cos p\alpha}. \qquad (2')$$

S'il y a $2p = 4$ sections d'induit, soit les liaisons a_1, a_2, a_3, a_4 avec
les bagues, le système des
bagues et les sections
créées par celles-ci se dé-
plaçant par rapport aux
balais B_1, B_2, B_3, B_4 restant fixes, nous aurons,
comme en courant con-
tinu, un courant de li-
gne $4\,I_c$ et un courant
moteur $4\,I_m$; la relation $(2')$
est générale, et indépen-
dante du nombre de pô-
les. Il en résulte

$$I_{\text{eff}} = I_c \frac{\cos p\alpha}{\cos p\psi} . \frac{E_c}{U_{\text{eff}}}.$$

Or :

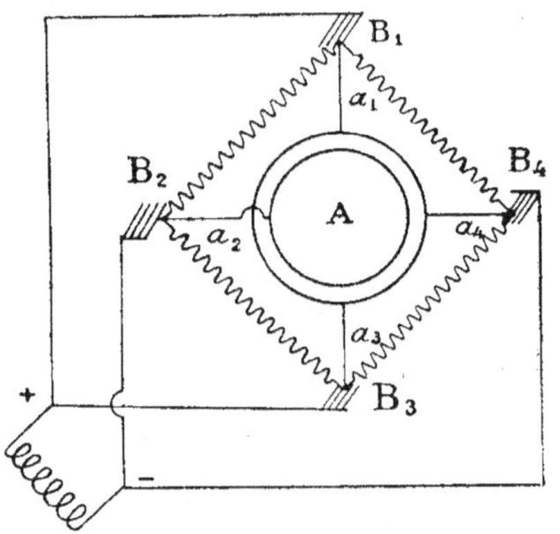

Fig. 14. — Constitution instantanée des circuits de la
commutatrice dans la position de coïncidnece des
bagues et des balais.

$$\frac{E_c}{U_{\text{eff}}} = \frac{E_c}{U_{\text{max}}} \sqrt{2} = \sqrt{2}.$$

Donc

$$\boxed{I_{\text{eff}} = I_c \sqrt{2}\, \frac{\cos p\alpha}{\cos p\psi}}. \qquad (3)$$

Si $\psi = 0$ (toujours faible avec le moteur synchrone, par le jeu
de l'excitation), et $p\alpha = 0$ (calage neutre également facile à réaliser),
on n'aura pas à redouter alors de phénomène de réaction d'induit,
comme on va le voir à posteriori.

On aura en effet en particulier ici, pour une section :

$$\boxed{I_{\text{eff}} = I_c \sqrt{2}}.$$

Nullité théorique de la réaction d'induit. — Transportons

dans la relation magnétique bien connue, nous donnant Φ'_a et Φ'_c, cette valeur de I_{eff}, en supposant les flux créés proportionnels aux ampères-tours générateurs, ou aux courants, ce qui revient ici au même. On voit que : $\Phi'_a = \Phi'_c$ en valeur absolue. Il n'y a donc pas de réaction d'induit, au moins théoriquement, dans une commutatrice monophasée (1).

Calage des balais. — On peut, dans des limites en réalité assez restreintes, faire varier la tension en fonction de U_{eff} par la variation de α, mais en pratique la tension continue est fixée par la tension alternative efficace :

$$U_c = E_{continu} = U_{eff} \sqrt{2}.$$

Ainsi, une commutatrice monophasée, à 120 volts alternatifs, donne $120\sqrt{2} = 169$ volts continus, pour les mêmes conditions de marche.

GÉNÉRATRICES A DOUBLE COURANT
MACHINES A COURANTS CONTINU ET ALTERNATIF

Déjà très répandues en Amérique, elles tendent à s'employer en France.

Cette double génératrice n'est autre qu'une commutatrice à laquelle on communique un mouvement, donc à laquelle on fournit une puissance motrice.

Les f.é.m. engendrées dans chaque conducteur sont captées, soit sous forme continue par des balais fixes, soit sous forme alternative, théoriquement par des balais mobiles avec l'induit, c'est-à-dire pratiquement par des bagues liées à l'induit et reliées à des frotteurs fixes.

La f.é.m. alternative aura ici, dans une demi-période, au point de vue intégral s'entend, la même direction que la f.é.m. continue dans cette fraction de l'induit correspondant à l'arc $\dfrac{2\pi}{2p}$. De même

---

(1) On remarquera, pour le constater, que les ampères-tours de réaction d'induit créant le flux fixe Φ'_a d'un alternateur sont égaux à la moitié de la valeur maxima des ampères-tours d'induit, d'où, en conservant le même nombre de *spires* ou de *tours*, la conception qu'ils dérivent du courant $\dfrac{1}{2} I_{max} = \dfrac{I_{eff}}{\sqrt{2}}$. Il en résulte immédiatement, puisque $I_c = I_{eff} \dfrac{1}{\sqrt{2}}$, la propriété énoncée.

pour les courants engendrés; c'était l'inverse dans le cas d'une commutatrice.

La réaction d'induit sera ici donnée par la résultante de l'addition arithmétique des $(a\text{-}t)$ continus et des $(a\text{-}t)_{\text{eff}}$ alternatifs d'induit.

COMMUTATRICES INVERSÉES

Les mêmes machines peuvent évidemment servir à transformer du courant continu en courant alternatif. Logiquement, le cas est beaucoup moins fréquent, car le courant alternatif constitue surtout la forme classique adoptée pour les transports d'énergie. Mais, souvent, pour ne pas bouleverser une installation réceptrice à courant continu existante, on interpose une commutatrice entre la nouvelle adduction d'énergie et les anciens moteurs ou appareils d'éclairage.

La commutatrice inversée peut cependant trouver son application dans la transformation en sous-station de secours, pour une distribution d'énergie à courant alternatif, d'une installation à courant continu existante.

SUR LA PUISSANCE CONSOMMÉE A VIDE

L'excitation étant supposée la même ($E'_{\text{eff}} =$ constante) et la vitesse étant également constante (car la commutatrice est un moteur synchrone), les pertes dans le fer, à vide, sont les mêmes qu'en charge. P_{F+H}, représentant les pertes par courants de Foucault et par hystérésis, est donc pratiquement constant quelle que soit la charge.

P_f, perte due aux frottements mécaniques, peut être considérée comme constante (accouplement direct idéal du moteur et de la génératrice, puisque confondus).

D'autre part, les pertes ohmiques à vide sont négligeables, car si I_o peut être décalé par rapport à U, il n'en est pas moins vrai qu'il est sensiblement inférieur à I en pleine charge, et que son carré I_o^2 est toujours faible devant I^2. Il en résulte que l'expression P_o, donnant la puissance mesurée à vide au wattmètre, est l'expression même des pertes mécaniques et magnétiques :

$$P_0 = P_H + P_F + P_f.$$

Du reste, s'il arrivait que la quantité I_o^2 ne fût pas négligeable devant I^2 normal, il suffirait par exemple de mesurer R, résistance de la commutatrice (à circuit continu ouvert) pour posséder RI_o^2, pertes Joule à vide, I_0, courant à vide étant lu à l'ampèremètre. Pour la mesure de R, se reporter à ce qui est dit à ce sujet sur les résistances d'induit dans les ouvrages spéciaux (1).

Rendement de la commutatrice monophasée. — Mesurons, pour le même régime d'excitation (E'_{eff} f.c.é.m. donnée) que celui utilisé pour la détermination des pertes à vide, (soit $P_o = P_p$ cette perte), la puissance :

$$U_{eff} I_{eff} \cos \Phi$$

fournie à l'induit côté courant alternatif, et la puissance restituée $U_c I_c$ du côté courant continu. On a évidemment

$$\eta = \frac{U_c I_c}{U_c I_c + P_p + P_j + P_e} = \frac{U_c I_c}{U_{eff} I_{eff} \cos \Phi},$$

P_j représentant les pertes dans l'induit par effet Joule, P_e les pertes par excitation.

Pour une machine ordinaire (dynamo, alternateur), P_j peut se

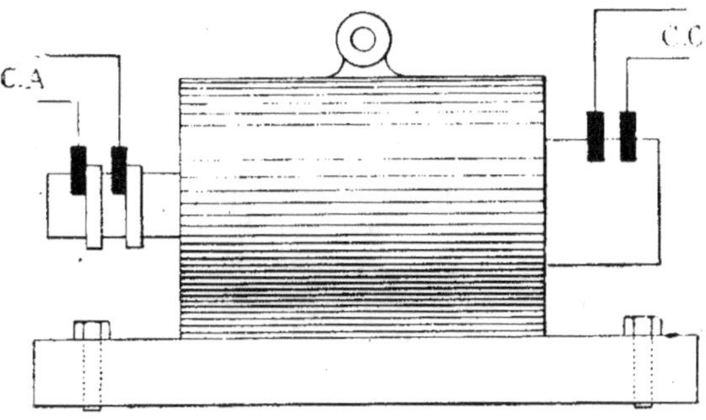

Fig. 15. — Commutatrice monophasée. Détermination du rendement par la méthode directe.

calculer, procédé utile quand on veut préétablir la formule du rendement en n'utilisant que l'une des deux mesures de puissance $U_c I_c$ ou $U_{eff} I_{eff} \cos \Phi$, ou même la seule hypothèse que la machine fournit une puissance donnée.

Ici, nous savons que $P_{J\,moy}$, puissance perdue par effet Joule, est

---

(1) On trouvera les éléments nécessaires à cette détermination dans notre *Cours municipal d'Électricité industrielle*, 1ʳᵉ partie (p. 288), nouvelle édition. Geisler, éditeur, à Paris.

une quantité très complexe, car les deux portions découpées par un balai B, sur une section comprise de bague à bague, comportent un nombre variable de conducteurs

$$\frac{\dfrac{n}{2p}}{\dfrac{2\pi}{2p}}\left[\frac{2\pi}{2p}-\alpha\right] \quad \text{dans l'une et} \quad \frac{\dfrac{n}{2p}}{\dfrac{2\pi}{2p}}\,\alpha \quad \text{pour l'autre,}$$

et sont parcourues par des courants variables. On ne peut donc avoir ici le choix, comme pour les autres machines, entre la méthode des pertes séparées et la méthode directe, la détermination par voie de calcul des pertes par effet Joule étant toujours ici délicate et peu sûre par principe, en outre de la nécessité qu'elle implique toujours d'appareils rigoureusement étalonnés.

L'emploi de la méthode dite des pertes à vide permet de déterminer P_p, et comme P_e, perte due à l'excitation, est aisée à évaluer comme étant celle du moteur synchrone constitué par la commutatrice avec balais levés du côté courant continu, on pourra donc déterminer expérimentalement :

$$P_j = U_{\text{eff}}\,I_{\text{eff}}\cos\Phi - U_c\,I_c - P_p - P_e.$$

P_p, somme des pertes à vide, $P_{\text{F}+\text{H}}$ et P_f. Nous pouvons donc contrôler, pour un point de fonctionnement au moins (I_c, I_{eff}), l'exactitude relative des pertes Joule calculées, par rapport à ces mêmes pertes déterminées expérimentalement.

Le rendement d'une commutatrice polyphasée est généralement excellent; il est moins bon pour une monophasée.

Le décalage Φ peut être amené comme on sait à une valeur très voisine de 0 ($\cos\Phi = 1$); le rendement d'une commutatrice monophasée est moins bon, à cause de l'influence relative des pertes Joule.

Ceci nous amène à chercher une expression algébrique de ces pertes, pour comparer à ce point de vue les commutatrices ayant des nombres divers de phases.

ÉTUDE DES PERTES PAR EFFET JOULE DANS L'INDUIT D'UNE COMMUTATRICE MONOPHASÉE

Soit un décalage $p\,\psi = \Psi$ entre la f.é.m. E' et I_g (ou entre $-$ E' et I_m). Nous aurons, pour le courant I_m (suivant nos conventions habituelles, en prenant comme origine des temps celui où le repère-axe de la section coïncide avec un axe interpolaire) :

$$I_m = I_{max} \cos p\,(\alpha - \psi)$$

α étant l'angle d'écart du repère-axe par rapport à l'origine (ligne d'induction nulle), ou encore, par rapport à une induction maxima,

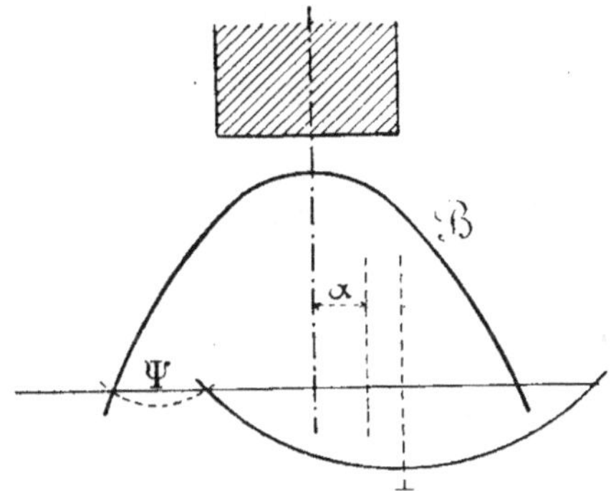

Fig. 16. — Situations respectives des inductions 𝔅 et des courants dans une commutatrice monophasée. Les courants sont ceux circulant dans un conducteur et représentés comme une fonction du temps ou plus exactement des positions occupées par ce conducteur.

l'angle d'écart du point de la courbe représentative des courants en fonction des positions du conducteur, et en posant :

$$\alpha = \omega t,$$

ω, vitesse angulaire de la machine (fig. 16).

$\dfrac{\psi}{p}$, angle positif ou négatif d'écart des maxima de I_m et du maximum de 𝔅 ou E′.

Posons :

$$\alpha' = \alpha - \psi.$$

Nous aurons, pour les pertes Joule dans une section de commutatrice (même notation que pour l'étude de la répartition du courant dans une section de commutatrice, avec en plus r, résistance d'une spire).

ν, ν', nombre de spires de chacune des fractions de la section :

$$\begin{cases} r\nu\mathcal{J}^2 = \dfrac{n}{2\pi}\left[\dfrac{2\pi}{2p} - \alpha\right][\mathrm{I}_{\max}\cos p\,\alpha' - \mathrm{I}_c]^2 r \\[2ex] r\nu'\mathcal{J}'^2 = \dfrac{n}{2\pi}(\alpha)\,[\mathrm{I}_{\max}\cos p\,\alpha' + \mathrm{I}_c]^2 r. \end{cases}$$

D'où l'expression de P_a, valeur de la puissance perdue par effet Joule pour une valeur de α, en posant :

$$\varpi = \frac{n}{2\pi}r$$

$$\mathrm{P}_a = r\,(\nu\mathcal{J}^2 + \nu'\mathcal{J}'^2)$$

$$\mathrm{P}_a = \varpi\left[\left(\frac{2\pi}{2p} - \alpha\right)(\mathrm{I}_{\max}\cos p\,\alpha' - \mathrm{I}_c)^2 + \alpha\,(\mathrm{I}_{\max}\cos p\,\alpha' + \mathrm{I}_c)^2\right].$$

Considérons l'expression : $\dfrac{\mathrm{P}_a}{\varpi}$. Elle peut s'écrire :

$$\frac{\mathrm{P}_a}{\varpi} = \alpha\,[4\mathrm{I}_{\max}\mathrm{I}_c\cos p\,\alpha'] + \frac{2\pi}{2p}[\mathrm{I}_c{}^2 + \mathrm{I}_{\max}{}^2\cos^2 p\,\alpha' - 2\mathrm{I}_{\max}\mathrm{I}_c\cos p\,\alpha'].$$

La valeur moyenne : $\left(\dfrac{\mathrm{P}_a}{\varpi}\right)_{\mathrm{moy}}$ de cette quantité correspondra à :

$$\left(\frac{\mathrm{P}_a}{\varpi}\right)_{\mathrm{moy}} = \frac{1}{\dfrac{2\pi}{2p}}\int_0^{\frac{2\pi}{2p}}\frac{\mathrm{P}_a}{\varpi}\,d\alpha'.$$

En effet, pour $\quad\alpha = 0,\quad$ coïncidence de $a_1 a_2$ avec $\mathrm{B}_1\mathrm{B}_2$

$$\text{»}\qquad \alpha = \frac{2\pi}{2p}\qquad\text{»}\qquad\text{»}\qquad \mathrm{B}_2\mathrm{B}_3$$

α variant de 0 à $\dfrac{2\pi}{2p}$, nous avons donc toujours les relations :

$$\begin{cases} \alpha' = \alpha - \psi \\ p\,\alpha' = \beta \\ \alpha = \dfrac{\beta}{p} + \psi. \end{cases}$$

Remarquons enfin que, dans le cas général :

$$\mathrm{I}_{\max} = \frac{2\mathrm{I}_c}{\cos p\,\psi}.$$

Il est facile de voir que la puissance moyenne cherchée est donnée par la somme de deux intégrales, A_1, A_2. On aura à effectuer séparément les deux intégrations indéfinies, puis à prendre les intégrales définies entre les limites 0 et $\dfrac{2\pi}{2p}$.

On voit que le choix de ces limites est suffisant, car elles correspondent à une demi-période.

Dans la demi-période suivante, les éléments différentiels relatifs à I_m deviennent égaux et de signes contraires à ceux correspondant à la première période. De même I_c est remplacé par $(-I_c)$. Pour simplifier les choses, faisons varier pour une demi-période α' de $-\psi$ à $\dfrac{2\pi}{2p} - \psi$, $\alpha = \alpha' + \psi$ variant de 0 à $\dfrac{\pi}{p}$ et pour la deuxième α' de $\dfrac{\pi}{p} - \psi$ à $\dfrac{2\pi}{p} - \psi$ encore, mais $\alpha = \alpha' - \psi$ variant de $\dfrac{\pi}{p}$ à $\dfrac{2\pi}{2p}$, (valeurs de I_m symétriques, égales en valeur absolue à celles de la demi-période précédente, et I_c remplacé de même par $-I_c$].

En d'autres termes, nous aurons, dans cette seconde demi-période, $I_m < 0$ en effet intégral :

$$P'_a = \frac{nr}{2\pi}\left[\left(\frac{2\pi}{2p} - \alpha\right)(-I_{max}\cos p\alpha' + I_c)^2 + \frac{\alpha}{2\pi}(-I_{max}\cos p\alpha' - I_c)^2\right]$$

On voit donc qu'en tenant compte des limites précédentes, il suffira de changer I_c en $-I_c$ et I_{max} en $-I_{max}$, dans les expressions relatives à la première demi-période, pour avoir celles qui correspondent à la deuxième demi-période.

Nous poserons toujours, dans cette expression

$$\varpi = \frac{nr}{2\pi}.$$

Nous pouvons donc écrire ainsi, pour expression de la puissance perdue par effet Joule, puisque :

$$I_{max} = \frac{2I_c}{\cos p\psi}$$

$$\frac{P_a}{\varpi} = \alpha\,\frac{8I_c^2\cos p\alpha'}{\cos p\psi} + \frac{2\pi}{2p}I_c^2\left[1 + 4\frac{\cos^2 p\alpha'}{\cos^2 p\psi} - \frac{4\cos p\alpha'}{\cos p\psi}\right]$$

Considérons les deux intégrales indéfinies :

$$A_1 = \frac{1}{\dfrac{\pi}{p}} \int 8 \frac{I_c^2 \alpha}{\cos p\psi} \cos p\alpha' \, d\alpha$$

$$A_2 = \frac{\dfrac{2\pi}{2p}}{\dfrac{\pi}{p}} \int I_c^2 \left[1 + 4 \frac{\cos^2 p\alpha'}{\cos^2 p\psi} - 4 \frac{\cos p\alpha'}{\cos p\psi} \right] d\alpha.$$

Cherchons maintenant les valeurs de ces intégrales considérées comme définies. Posons :

$$A_1 = \frac{8 I_c^2}{\dfrac{\pi}{p} \cos p\psi} \int_0^{\frac{2\pi}{2p}} \alpha \cos p\alpha' \, d\alpha = \frac{8 I_c^2}{\dfrac{\pi}{p} \cos p\psi} B_1$$

$$A_2 = \frac{I_c^2 \dfrac{\pi}{p}}{\dfrac{\pi}{p}} \int_0^{\frac{2\pi}{2p}} \left(1 + \frac{4\cos^2 p\alpha'}{\cos^2 p\psi} - \frac{4\cos p\alpha'}{\cos p\psi} \right) d\alpha = I_c^2 B_2.$$

Nous aurons, en ne considérant d'abord que les intégrales indéfinies, et tous calculs faits, pour B_1,

$$\boxed{B_1 = \frac{1}{p} \left[\alpha \sin p\alpha' + \frac{1}{p} \cos p\alpha' \right]}$$

De même, pour B_2.

$$\boxed{B_2 = \alpha + \frac{2}{\cos^2 p\psi} \left[\alpha + \frac{\sin 2p\alpha'}{2p} \right] - \frac{4}{p \cos p\psi} \sin p\alpha'}$$

Il en résulte, pour la puissance perdue par effet Joule, l'expression

$$\frac{1}{I_c^2} \left(\frac{P_a}{\varpi} \right)_{\text{moy}} = \boxed{\frac{8}{\pi \cos p\psi} \left[\left(\alpha - \frac{2\pi}{4p} \right) \sin p\alpha' + \frac{\cos p\alpha'}{p} \right] + \alpha + \frac{2}{\cos^2 p\psi} \left(\alpha + \frac{2p}{\sin^2 p\alpha'} \right)}$$

Tâchons de mettre en évidence la perte par effet Joule existant dans une section de la commutatrice, $\left[\dfrac{n}{2p} \text{ conducteurs actifs} \right]$ considérée comme machine à courant continu, assurant le débit du courant I_c.

Considérons le rapport :

$$\frac{P_{a\,moy}}{\dfrac{n}{2\pi}r\,I_c^2} = \frac{P_{a\,moy}}{\dfrac{n}{2p}\,r\dfrac{p}{\pi}\,I_c^2} = \frac{P_{a\,moy}}{\left(\dfrac{n}{2p}\,r\,I_c^2\right)\dfrac{p}{\pi}} = \frac{1}{I_c^2}\left(\frac{P_a}{\varpi}\right)_{moy}$$

c'est-à-dire

$$\frac{P_{J\,commutatrice}}{P_{J\,dynamo}\,\dfrac{p}{\pi}}.$$

Il vient donc les expressions définitives suivantes pour les pertes Joule, non instantanées, mais moyennes, [il nous faut multiplier le second membre par $\dfrac{p}{\pi}$ qui avait été introduit par la considération des pertes moyennes; $\dfrac{\pi}{p}$ intervalle choisi pour les variations de α limites de l'intégrale]

$$\frac{P_{J\,com}}{P_{J\,dyn}} = \frac{p}{\pi}\frac{1}{I_c^2}\left(\frac{P_a}{\varpi}\right)_{moy} = \frac{8p}{\pi^2\cos p\psi}\left[\sin p\,\alpha'\left(\alpha-\frac{\pi}{2p}\right)+\cos p\,\alpha'\right]_0^{\frac{\pi}{p}}$$
$$+\frac{p}{\pi}\left[\alpha+\frac{2}{\cos^2 p\psi}\left(\alpha+\frac{\sin 2p\,\alpha'}{2p}\right)\right]_0^{\frac{\pi}{p}}.$$

Telle doit être la forme de la perte Joule, en valeur moyenne, soit :

$$\frac{(P_a)_{moy}}{\dfrac{n}{2\pi}r\,I_c^2} = \frac{8}{\pi\cos v\psi}\left[\sin p\,\alpha'\left(\alpha-\frac{\pi}{2p}\right)+\cos p\,\alpha'\right]_0^{\frac{\pi}{p}}$$
$$+\left[\alpha+\frac{2}{\cos^2 p\psi}\left(\alpha-\frac{\sin 2p\,\alpha'}{2p}\right)\right]_0^{\frac{\pi}{p}}.$$

Perte Joule dans la section (autre forme), valeur moyenne :

$$\frac{(P_a)_{moy}}{\dfrac{n}{2p}r\,I_c^2} = \frac{p}{\pi}\cdot\frac{8}{\pi\cos p\psi}\left[\sin p\,\alpha'\left(\alpha-\frac{\pi}{2p}\right)+\cos p\,\alpha'\right]_0^{\frac{\pi}{p}}$$
$$+\frac{p}{\pi}\left[\alpha+\frac{2}{\cos^2 p\psi}\left(\alpha+\frac{\sin 2p\,\alpha'}{2p}\right)\right]_0^{\frac{\pi}{p}},$$

c'est-à-dire, une fois faites les simplifications évidentes :

$$(P_a)_{moy} = \frac{n}{2p}\, r\mathrm{I}_c{}^2 \left[\frac{8p}{\pi^2 \cos p\psi} \left\{ \sin p\,\alpha' \left(\alpha - \frac{\pi}{2p} \right) + \cos p\,\alpha' \right\} \right.$$

$$\left. + \frac{p}{\pi} \left\{ \alpha + \frac{2}{\cos^2 p\psi} \left(\alpha + \frac{\sin 2p\,\alpha'}{2p} \right) \right\} \right]_0^{\frac{\pi}{p}}. \tag{2}$$

Nous obtenons ainsi la valeur moyenne dans le temps desdites pertes par effet Joule, dans cet intervalle $\frac{\mathrm{T}}{2}$.

A la suite d'un calcul de limites qui n'offre aucune difficulté, nous trouvons pour l'intervalle $0 - \frac{\pi}{p}$ (des variations de α)

$$P_{\mathrm{J\,moy}} \left[\text{de } 0 \text{ à } \frac{\mathrm{T}}{2} \right] = \frac{n}{2p}\, r\mathrm{I}_c{}^2 \left[1 + \left(2 - \frac{16}{\pi^2} \right) \cos^2 p\,\psi \right].$$

Nous aurions maintenant à faire le même calcul pour α variant de $\frac{\pi}{p}$ à $\frac{2\pi}{p}$.

On trouve aisément [I_c devenant $-\,\mathrm{I}_c$ et les valeurs alternatives de I étant deux à deux les mêmes et de signes contraires]

$$P_{\mathrm{J\,moy}} \left(\text{de } \frac{\mathrm{T}}{2} \text{ à } \mathrm{T} \right) = \frac{nr\mathrm{I}_c{}^2}{2p} \left[1 + \left(2 - \frac{16}{\pi^2} \right) \cos^2 p\,\psi \right].$$

La demi-somme :

$$\frac{1}{2} \left[P_{\mathrm{J\,moy}} \left(0,\ \frac{\mathrm{T}}{2} \right) + P_{\mathrm{J\,moy}} \left(\frac{\mathrm{T}}{2},\ \mathrm{T} \right) \right]$$

nous donne la puissance moyenne perdue :

$$P_{\mathrm{J\,moy}} = \frac{n}{2p}\, r\mathrm{I}_c{}^2 \left[1 + \frac{0{,}415}{\cos^2 p\,\psi} \right].$$

Comparons cette somme de pertes, et celle de la dynamo identique de courant I_c. Il vient, comme on sait

$$P_{\mathrm{J\,dynamo}} = \frac{n}{2p}\, r\mathrm{I}_c{}^2 \text{ (par section)}$$

$$\frac{P_{\mathrm{J\,commutatrice}}}{P_{\mathrm{J\,dynamo}}} = 1 + \frac{0{,}415}{\cos^2 p\,\psi} = \mathrm{K}.$$

Ce rapport est au minimum égal à $1{,}4$ $(\cos p\,\psi = 1)$.

Pour $p\psi = \Psi > 0$ il décroît jusqu'à :

$$p\psi = 0,$$

puis, il croît ensuite (fig. 17). On sait que

$$\Psi = p\psi$$

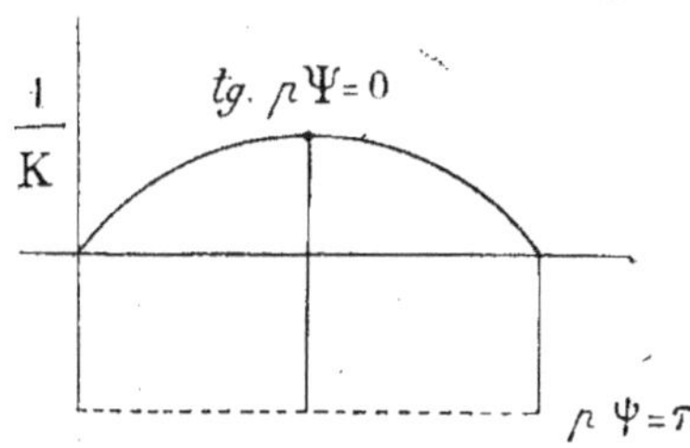

Fig. 17. — Variation du rapport :

$$\frac{I}{K} = \frac{P_{J\ dynamo}}{P_{J\ commutatrice}}$$

peut toujours être ramené à une valeur extrêmement faible dans une commutatrice, qui est un véritable moteur synchrone.

Donc on peut admettre, en valeur suffisamment approchée, pour la forme de :

$$K = \frac{P_{J\ commutatrice}}{P_{J\ dynamo}}$$

P_J dynamo courant continu

$$K = 1,5.$$

On voit que, pour un même échauffement, le rapport $\dfrac{1}{K}$ des puissances que peut fournir la commutatrice monophasée et qu'elle peut développer comme machine à courant continu, varie de

$$\frac{1}{1,8} = 0,55 \quad \text{pour} \quad \Psi = \pm\frac{\pi}{4} \quad \text{à} \quad \frac{1}{1,4} = 0,72 \quad \text{pour} \quad \Psi = 0.$$

Cette considération du décalage jouera un rôle particulièrement important quand la commutatrice fonctionnera comme transformatrice de courant continu en alternatif, le décalage Ψ étant alors imposé par le réseau sur lequel travaillera cette machine.

CHAPITRE II

Commutatrices.

(*Suite.*)

CONSTITUTION DES COMMUTATRICES POLYPHASÉES

COMMUTATRICES D'ORDRE IMPAIR, TYPE TRIPHASÉ $m = 3$.

Reprenons notre tracé habituel :
Proposons-nous de réaliser une commutatrice triphasée. Pour cela, divisons l'arc correspondant à une période linéaire en

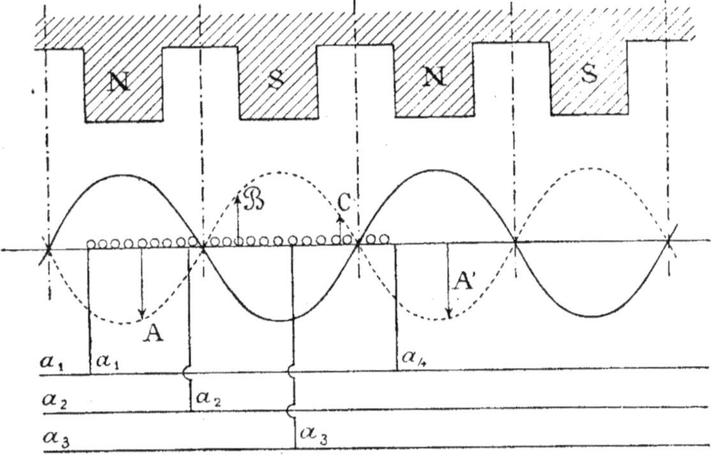

Fig. 18. — Développement d'une commutatrice triphasée.

$m = 3$ parties : AB, BC, CA′. Pour que le mouvement du moteur synchrone constitué par la commutatrice s'effectue dans les conditions normales, il suffit que les sections

$$a_1 a_2, \qquad a_2 a_3, \qquad a_3 a_1$$

soient parcourues respectivement par les courants représentés par les ordonnées :

$$A, \quad B, \quad C$$

décalés, comme on le voit, d'un tiers de période.

Il suffira donc de connecter tous les points a_1, a_2, a_3 à trois bagues reliées respectivement aux trois bornes d'une distribution triphasée, pour avoir une commutatrice triphasée.

Remarques sur l'avantage des commutatrices polyphasées au point de vue de l'utilisation du matériel. — Si l'on forme le rapport :

$$K = \frac{(P_{J\,moy})\ \text{commutatrice}}{(P_J)\ \text{courant continu}}$$

comme nous l'avons fait pour les commutatrices monophasées, des puissances perdues dans la commutatrice polyphasée par effet Joule, en supposant qu'elle fonctionne en génératrice à courant continu (I), et en commutatrice à courants polyphasés, on constate que pour une même valeur de $\cos\Psi$, la puissance spécifique de commutation, c'est-à-dire celle qu'elle peut fournir pour un même échauffement d'induit, croît rapidement avec le nombre de phases. Ainsi, une commutatrice triphasée et une commutatrice hexaphasée développent, pour un même échauffement, des puissances qui sont entre elles comme environ 1,25 et 2, soit à peu près un gain de 3/8 de puissance pour une même machine et un même échauffement.

Ceci nous explique également la tendance actuelle à alimenter des commutatrices hexaphasées par des réseaux triphasés de distribution d'énergie et, d'une manière générale, à accroître par des artifices le nombre des phases d'une commutatrice, travaillant sur un réseau d'un nombre de phases donné.

Les commutatrices monophasées ne sont pas très employées par suite de la mauvaise utilisation du matériel, et d'effets nocifs d'oscillation ou de balancement dont nous dirons quelques mots plus loin, avec elles particulièrement graves.

COMMUTATRICES D'ORDRE PAIR, TYPE DIPHASÉ $m = 2\,m'$.

Reprenons la commutatrice monophasée de tout à l'heure. Considérons le moment où $a_1 a_2$ coïncide avec $B_1 B_2$. Les courants dans les sections sont représentés par les ordonnés A, A'. Installons deux bagues en liaison avec les prises a_3a_4, décalées d'un quart de période sur a_1a_2 (fig. 19).

Soumettons a_3a_4 à une tension décalée d'un quart de période par rapport à celle alimentant a_1a_2 ($U_o \sin \Omega t$).

Dans le cas de la figure, le courant B alimentant a_3a_4 a la

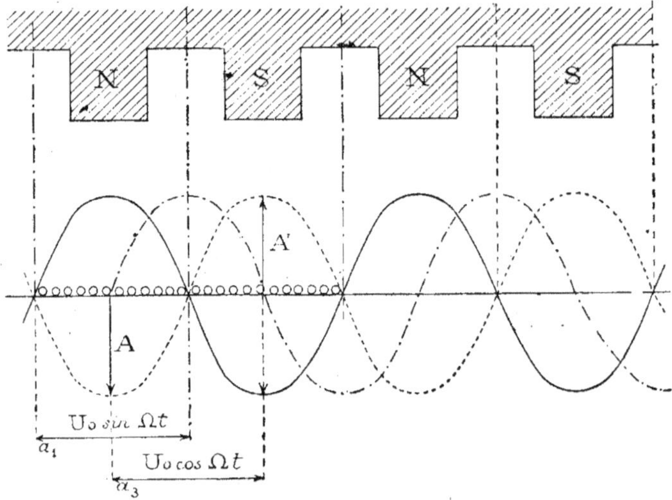

Fig. 19. — Développement d'une commutatrice diphasée.

valeur instantanée convenable et le mouvement synchrone de notre moteur est donc encore possible.

Nous avons réalisé une commutatrice diphasée par maintien de la tension $U_o \sin \Omega t$ sur les bagues a_1a_2 et de la tension $U_o \cos \Omega t$ sur les bagues $a_3 a_4$.

D'où 4 bagues, soit :

$$2m = 4m'$$

bagues dans le cas général.

On voit que, si l'on appelle I_1, I_2 les valeurs des courants dus aux tensions $U_o \sin \Omega t$ et $U_o \cos \Omega t$, et qu'on considère les courants comme positifs s'ils circulent dans un sens, comme négatifs en sens con-

traire, les sections I, II, III, IV seront parcourues par les couranjs
respectifs :

$$
\begin{cases}
\text{I.} & I_0 \sin \Omega t - I_0 \cos \Omega t \quad (a_1 a_3) \quad \mathfrak{I}_{\text{I}} \\
\text{II.} & I_0 \sin \Omega t + I_0 \cos \Omega t \quad (a_2 a_2) \quad \mathfrak{I}_{\text{II}} \\
\text{III.} & - I_0 \sin \Omega t + I_0 \cos \Omega t \quad (a_2 a_4) \quad \mathfrak{I}_{\text{III}} \\
\text{IV.} & - I_0 \sin \Omega t - I_0 \cos \Omega t \quad (a_3 a_1) \quad \mathfrak{I}_{\text{IV}}
\end{cases}
$$

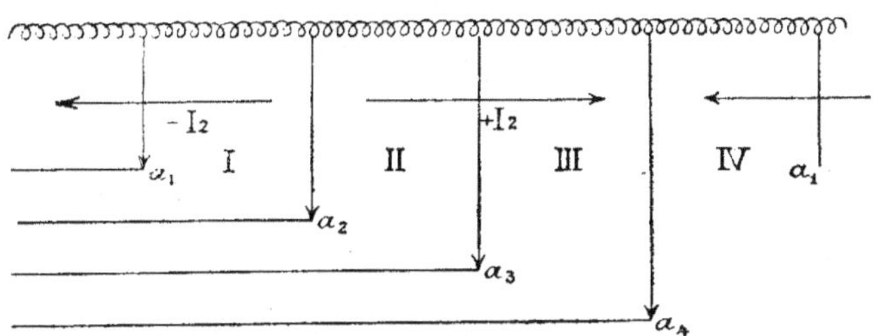

Fig. 20. — Partage de courants dans une commutatrice diphasée.

Les courants qui circulent dans la portion de section comprise
entre a_1 et a_2 sont bien décalés de 90° par rapport à ceux qui passent
dans $a_2 a_3$, ces derniers pouvant s'écrire :

$$
\mathfrak{I}_{\text{II}} = - I_0 \cos \left(\Omega t + \frac{\pi}{2} \right) + I_0 \sin \left(\Omega t + \frac{\pi}{2} \right)
$$

et ainsi de suite, de proche en proche.

I_{II} est décalé de $\frac{\pi}{2}$, par rapport à I_{I}, etc. Donc le courant-
somme $I_{\text{II}} + I_{\text{III}}$ sera décalé de $\frac{\pi}{2}$ par rapport à la somme $I_{\text{II}} + I_{\text{IV}}$
(fig. 20).

En d'autres termes, tout se passe comme si l'on avait deux circuits distincts, alimentés l'un par les bagues $a_1 a_2$, l'autre par les
bagues $a_3 a_4$, et soumis à des tensions décalées de $\frac{\pi}{2}$ l'une par
rapport à l'autre.

A certains inconvénients près, tenant au chevauchement des
courants I_1 et I_2 (surtout quand ceux-ci ne sont pas sinusoïdaux),
on a donc réalisé une commutatrice diphasée, reposant sur un

principe différent de celui de la commutatrice triphasée d'ordre impair (pas de chevauchement, fig. 21).

Remarque. — Il y a un rapprochement à établir entre ces deux classes de commutatrices et les enroulements par bobines des alternateurs actuels (tambour) et ceux des anciens alternateurs triphasés (à anneau).

Dans les premiers, il y a chevauchement géométrique des phases. Dans les seconds, il n'y a plus de chevauchement ; si on veut bien y apporter l'attention convenable, cette remarque est très féconde.

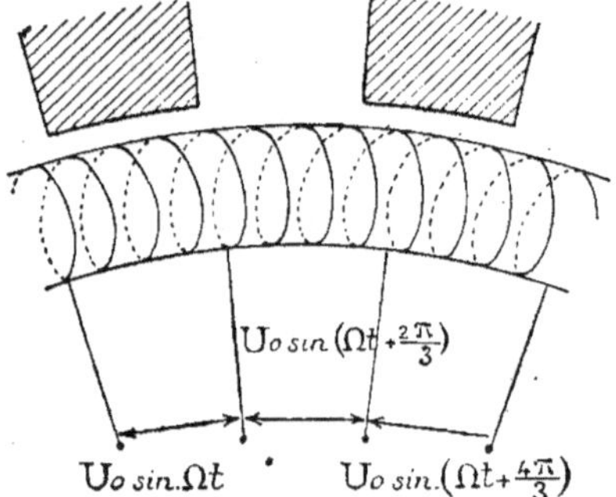

Fig. 21. — Connexions aux bagues d'une commutatrice triphasée.

Elle explique, jointe à la considération qui nous est habituelle, de l'égalité du potentiel aux points de jonction des bagues $a_1 a_2$, par les éléments adjacents des sections données, l'impossibilité de constituer une |commutatrice diphasée, comme un alternateur diphasé, suivant le schéma intuitif ci-dessous, car les potentiels des points $b_1 b'_1$, $b_2 b'_2$, $b_3 b'_3$, $b_4 b'_4$ doivent être les mêmes

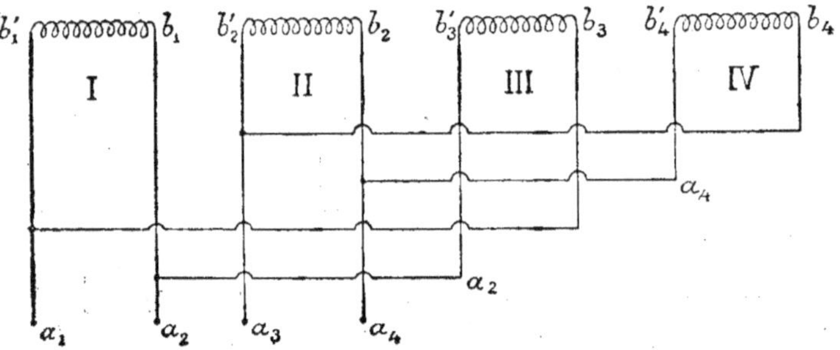

Fig. 22. — Impossibilité de réalisation d'une commutatrice diphasée à circuit ouvert.

deux à deux. Or, même en supposant les circuits d'alimentation,

$$U_0 \sin \Omega t \qquad U_0 \cos \Omega t$$

parfaitement isolés entre eux, comme de la commutatrice et

du sol, on ne peut disposer que de deux potentiels fixes, soit des potentiels des points a_1, a_3 par exemple.

Le problème est donc impossible à résoudre sous cette forme. Nous aurons l'occasion d'y revenir.

COMMUTATRICES A LA FOIS D'ORDRE PAIR ET D'ORDRE IMPAIR

Commutatrices hexaphasées.

Même principe. Si l'on dispose d'une distribution hexaphasée

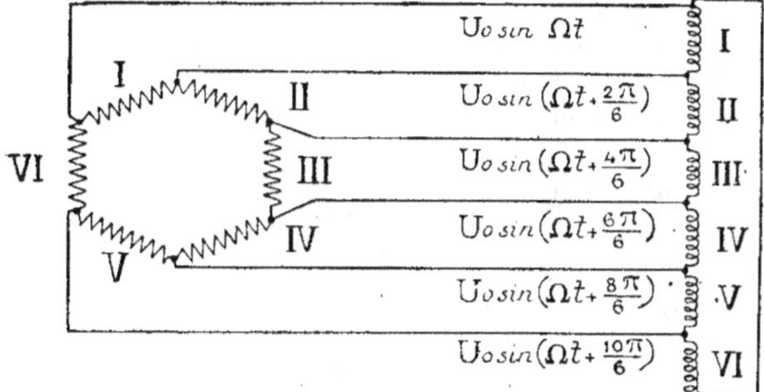

Fig. 23. — Commutatrice hexaphasée. Alimentation en hexaphasé.

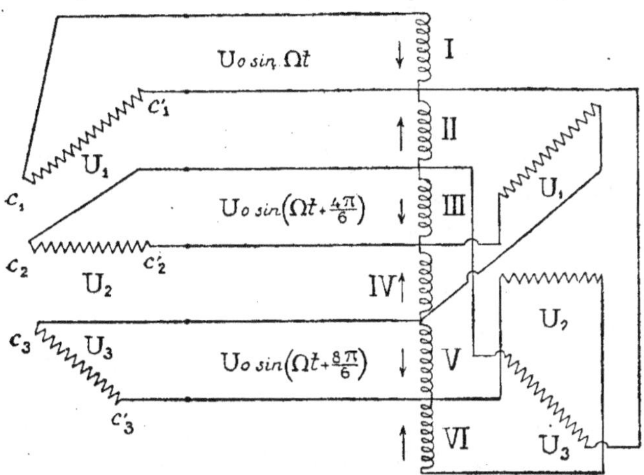

Fig. 24. — Alimentation en triphasé d'une commutatrice hexaphasée.

(extrêmement rare), on connecte les six bagues comme l'indique le schéma de la figure 23. Aucune difficulté.

On peut aussi, et c'est très intéressant, au point de vue économique, si l'on veut bien se reporter à ce que nous avons dit des puissances spécifiques relatives, d'une même commutatrice en triphasé et en hexaphasé, alimenter I, III, V par des courants triphasés, II, IV, VI par un autre système de courants triphasés, deux à deux en opposition avec les précédents ; on aura réalisé la marche en hexaphasé (fig. 24).

Ces deux systèmes triphasés peuvent être les secondaires, alors doubles, d'un transformateur triphasé.

Dans un transformateur bien isolé, dans les circuits U_1, U_2, U_3, tant qu'on ne fixe pas le potentiel de leurs extrémités en les connectant entre elles ou à un réseau, n'interviennent que des f.é.m. d'induction, et des différences de potentiel aux bornes. Notre couplage est donc absolument légitime.

Autrement, avec un simple transformateur triphasé à six extrémités secondaires libres, on peut réaliser la commutatrice hexaphasée, en reliant (fig. 25) :

$$\begin{cases} c_1 \text{ à } a_1 \\ c'_1 \text{ à } a_4 \end{cases} \quad \begin{cases} c_2 \text{ à } a_3 \\ c'_2 \text{ à } a_6 \end{cases} \quad \begin{cases} c_3 \text{ à } a_5 \\ c'_3 \text{ à } a_2 \end{cases}$$

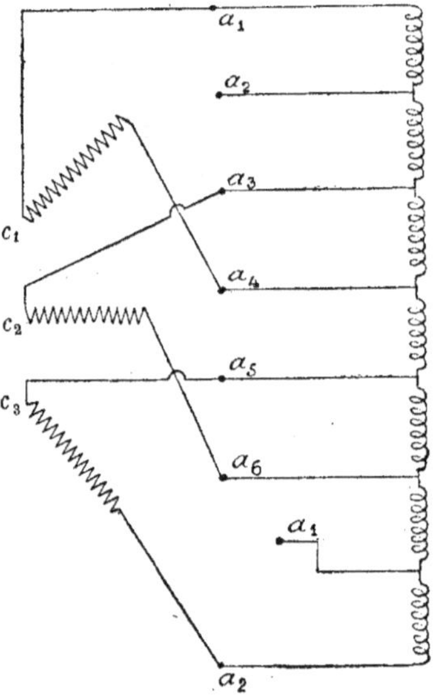

Fig. 25. — Alimentation en triphasé d'une commutatrice hexaphasée.

c'est-à-dire, dans le cas d'une commutatrice bipolaire, en calant les tensions U_1, U_2, U_3 sur les diamètres.

$$a_1 a_4 \qquad a_5 a_6 \qquad a_2 a_3,$$

respectivement décalés de 120°. Nous laisserons au lecteur le soin de démontrer, par une méthode analogue à celle utilisée dans le cas de la commutatrice diphasée, que l'on a bien réalisé ici une commutatrice hexaphasée.

RELATIONS ENTRE LES TENSIONS ET INTENSITÉS ALTERNATIVES
DANS UNE COMMUTATRICE POLYPHASÉE

1er Lemme. — *Relation entre la tension continue et la tension composée aux bagues dans les commutatrices polyphasées.* — Considérons encore, pour simplifier, le développement de cette commutatrice, et l'angle sous-tendu par la corde $a_1 a_2$ reliant les extré-

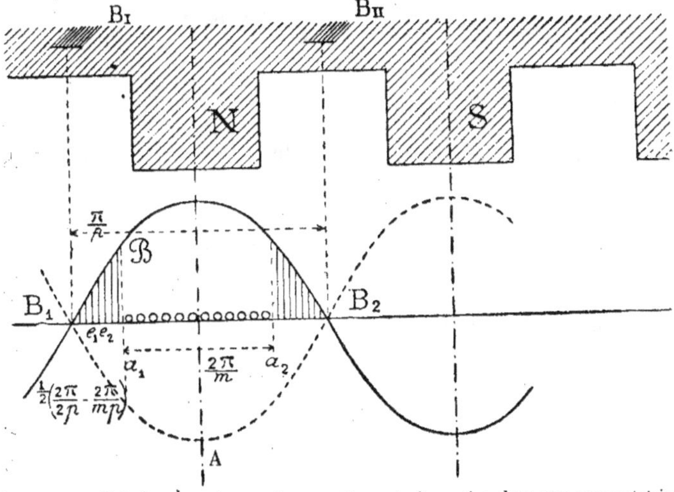

Fig. 26. — Relation entre les tensions continue et alternative dans une commutatrice polyphasée.

mités homologues de deux phases consécutives, c'est-à-dire délimitant une phase (fig. 26).

Soit l'axe A d'une section en concordance avec l'axe polaire N. Nous aurons :

$$a_1 a_2 = \frac{2\pi}{mp}.$$

(Les hypothèses $\Psi = 0$, suppression du décalage par le jeu de l'excitation ; $\alpha = 0$, calage des balais sur la ligne neutre, enfin, rendement de la commutatrice $\eta = 1$, sont encore faites ici.)

Au moment de la concordance de A avec N, ces hypothèses entraînent :

$$U = E',$$

U et E′ étant respectivement les valeurs des tensions aux bornes de la section, et de la f.c.é.m. développée dans cette section.

Or, si e est la f.c.é.m. développée dans un conducteur, on a :

$$E' = \Sigma e,$$

la somme Σe étant étendue aux conducteurs occupant la région $a_1 a_2$. Or, on a évidemment aussi :

$$\sum_{a_1}^{a_2} e = e_1 + e_2 + \ldots + e_{\frac{n}{2p}} - 2 \sum_{B_1}^{a_1} e,$$

la somme

$$\sum_{B}^{a_1} e = e_1 + e_2 + \ldots$$

étant étendue jusqu'au conducteur coïncidant avec a_1. Or, soit :

$$\frac{\dfrac{n}{2p}}{\dfrac{2\pi}{2p}} = \frac{n}{2\pi}$$

le nombre de conducteurs par unité d'angle. Pour l'angle $d\alpha$, il y en aura :

$$\frac{n}{2\pi}\, d\alpha,$$

On a donc, pour expression de la somme des f.c.é.m. développées dans $B_1 a_1$:

$$\sum_{B_1}^{a_1} e = \mathrm{LV}\, \frac{n}{2\pi} \int_{B_1}^{a_1} \mathcal{B}\, d\alpha,$$

$\mathcal{B}$, fonction de la coordonnée α, étant l'induction correspondant à l'angle α mesuré à partir de B_1. Or :

$$\mathcal{B} = \mathcal{B}_{\max} \sin p\alpha,$$

l'induction étant supposée varier dans l'espace suivant la forme sinusoïdale, et comme :

$$\int \mathcal{B}_{\max} \sin p\alpha\, d\alpha = -\, \mathcal{B}_{\max} \frac{\cos p\alpha}{p},$$

on aura, en remarquant que :

$$\operatorname{arc} B_1 a_1 = \frac{1}{2} \left[\frac{2\pi}{2p} - \frac{2\pi}{pm} \right]$$

$$\sum_{B_1}^{a_1} e = \mathfrak{B}_{max}\, LV\, \frac{n}{2p\pi}\left[-\cos p x\right]_0^{\frac{1}{2}\left[\frac{2\pi}{2p}-\frac{2\pi}{mp}\right]}.$$

Or :

$$\mathfrak{B}_{max}\,\frac{2}{\pi}\,LV = e_{moy}.$$

Donc :

$$\sum_{B_1}^{a_1} e = \frac{e_{moy}}{2}\,\frac{n}{2p}\left[1-\cos\frac{p}{2}\left(\frac{\pi}{p}-\frac{2\pi}{pm}\right)\right]$$

$$\sum_{B_1}^{a_1} e = \frac{e_{moy}}{2}\,\frac{n}{2p}\left[1-\cos\left(\frac{\pi}{2}-\frac{\pi}{m}\right)\right]$$

$$\sum_{B_1}^{a_1} e = e_{moy}\,\frac{n}{2p}\left[1-\sin\frac{\pi}{m}\right].$$

Il en résulte évidemment :

$$\sum_{a_1}^{a_2} e = E_c - E_c\left(1-\sin\frac{\pi}{m}\right) = E_c\sin\frac{\pi}{m}.$$

2ᵉ Lemme. — *Relations entre les intensités et les tensions polygonales (ou composées), étoilées (ou simples) et continues, dans une commutatrice.* — Soit un système m phasé. Dans une commutatrice, il n'y a pas, comme on sait, de point neutre (enroulement en triangle, ou plus généralement en polygone), mais on peut définir la tension étoilée de cette commutatrice, comme celle d'un générateur à courant alternatif enroulé en étoile, qui donnerait la même tension composée que la commutatrice.

On pourra alors parler de tension simple *étoilée*, ou prise par rapport au point *neutre*, naturellement *fictif* dans cette dernière machine.

Soit u_{max} la valeur cherchée maxima de la tension simple et $\frac{2\pi}{m}$ l'angle d'écart des vecteurs successifs du diagramme tournant, représentant le système m phasé. On a aisément :

$$U_{1-2} = u_1 - u_2 = u_{max}\sin\Omega t - u_{max}\sin\left(\Omega t - \frac{2\pi}{m}\right)$$

$$= 2u_{max}\sin\frac{\pi}{m}\cos\left(\Omega t - \frac{\pi}{m}\right),$$

Or :

$$\sum_{\mathrm{B_1}}^{a_1} e = \frac{e_{\mathrm{moy}}}{2}\,\frac{n}{2p}\left[1 - \sin\frac{\pi}{m}\right].$$

Il vient, par suite, puisque, comme nous l'avons démontré :

$$\sum_{a_1}^{a_2} e = \mathrm{E}_c - 2\sum_{\mathrm{B_1}}^{a_1} e$$

$$\sum_{a_1}^{a_2} e = \frac{n}{2p}\,e_{\mathrm{moy}} - 2\,\frac{n}{2p}\,\frac{e_{\mathrm{moy}}}{2}\left(1 - \sin\frac{\pi}{m}\right),$$

d'où :

$$\sum_{a_1}^{a_2} e = \frac{n}{2p}\,e_{\mathrm{moy}}\sin\frac{\pi}{m} = \mathrm{E}_c\sin\frac{\pi}{m}.$$

On a donc comme forme matérielle du premier lemme la relation suivante (*m* impair) entre les tensions composées et les tensions continues :

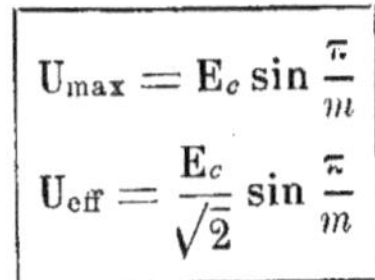

$$\mathrm{U}_{\max} = \mathrm{E}_c\sin\frac{\pi}{m}$$

$$\mathrm{U}_{\mathrm{eff}} = \frac{\mathrm{E}_c}{\sqrt{2}}\sin\frac{\pi}{m}$$

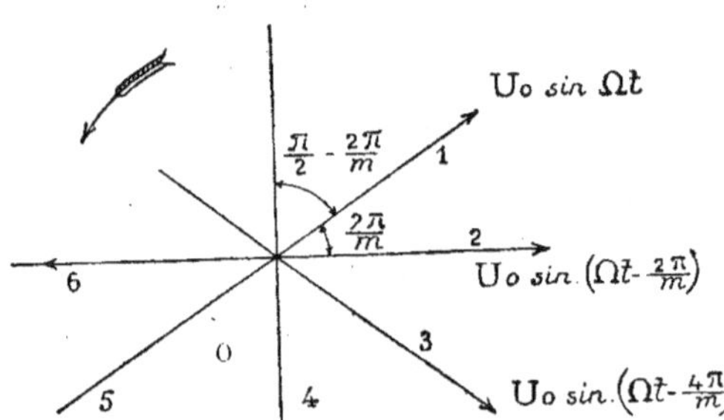

Fig. 27. — Relation entre les intensités alternatives et continues dans une commutatrice polyphasée.

REMARQUE. — Cette connaissance, jointe à celle de $\mathrm{I}_{\mathrm{eff}}$, courant alternatif envoyé dans une section, et à celle de $\mathrm{E}_c\mathrm{I}_c$, permettrait d'avoir facilement le rendement.

Malheureusement $\mathrm{I}_{\mathrm{eff}}$ n'est pas accessible à l'expérience.

Le courant de ligne $\mathscr{I}_{\mathrm{eff}}$ l'est facilement. Ceci nous amène à chercher des relations entre I_{eff} et $\mathcal{J}_{eff}$ d'une part, et les tensions correspondantes d'autre part.

L'expression précédemment obtenue pour U_{1-2} peut s'écrire :

$$U_{1-2} = 2 u_{max} \sin \frac{\pi}{m} \sin \left(\Omega t + \frac{\pi}{2} - \frac{\pi}{m} \right).$$

On voit que U_{1-2} a pour valeur maxima :

$$U_{max} = 2\, u_{max} \sin \frac{\pi}{m}$$

et est en avance de $\dfrac{\pi}{2} - \dfrac{\pi}{m}$ par rapport à la tension simple u_1.

On a d'autre part :

$$U_{max} = E_c \sin \frac{\pi}{m},$$

d'où

$$u_{max} = \frac{E_c}{2}, \qquad u_{eff} = \frac{E_c}{2 \sqrt{2}}.$$

RÈGLE. — Dans une commutatrice, la tension *étoilée* maxima est égale à la moitié de la tension continue.

Or, le principe de la conservation de l'énergie nous donne évidemment, en appelant : $\mathcal{J}_c = 2\, I_c$, le courant de ligne alimentant les deux sections de la commutatrice comprises entre deux balais de même polarité (1) :

$$E_c\, \mathcal{J}_c = m\, U_{eff}\, I_{eff} = m u_{eff}\, \mathcal{J}_{eff},$$

d'où :

$$\mathcal{J}_{eff} = \frac{2 \sqrt{2}\, \mathcal{J}_c}{m}.$$

La connaissance de U_{eff} et de $\mathcal{J}_{eff}$, liée aux appareils, permet avec celle de I_c, E_c, de déterminer le rendement, en calculant I_{eff} en fonction de $\mathcal{J}_{eff}$ ou u_{eff} en fonction de U_{eff}, par les deux formules

$$\eta = \frac{2\, U_c I_c}{m\, I_{eff}\, U_{eff}} = \frac{U_c\, \mathcal{J}_c}{m\, \mathcal{J}_{eff}\, u_{eff}}.$$

---

(1) Cette relation est absolument générale. Dans le cas d'une commutatrice à $2p$ pôles, elle devient en effet

$$p\, E_c\, \mathcal{J}_c = p m\, U_{eff}\, I_{eff}.$$

Elle ne se modifie donc pas.

Pour un calcul approché, la détermination de $\mathcal{J}_{\text{eff}}$ suffit, car on a approximativement

$$\left\{ \begin{aligned} u_{\text{eff}} &= \frac{E_c}{2}, \\ \mathcal{J}_c &= \sim \frac{U_c}{R}. \end{aligned} \right.$$

Tableau des valeurs comparées des tensions et intensités alternatives et continues dans une commutatrice.

| | VALEURS EFFICACES | | | | | | |
| | PHASES | | | | | | |
	C-C	Mono	Di	Tri	Tétra	Hexa	m
Tension entre chaque bague et le point neutre ou tension simple étoilée. (Valeur efficace.)	$\dfrac{U_c}{2}$	$\dfrac{U_c}{2\sqrt{2}}$	$\dfrac{U_c}{2\sqrt{2}}$	$\dfrac{U_c}{2\sqrt{2}}$	$\dfrac{U_c}{2\sqrt{2}}$	$\dfrac{U_c}{2\sqrt{3}}$	$\dfrac{U_c}{2\sqrt{2}}$
Tension entre deux bagues adjacentes (tension composée). (Valeur efficace.)	U_c	$\dfrac{U_c}{\sqrt{2}}$	$\dfrac{U_c}{\sqrt{2}}$	$\dfrac{U_c}{\sqrt{2}}\dfrac{\sqrt{3}}{2}$	$\dfrac{U_c}{\sqrt{2}}\dfrac{1}{\sqrt{2}}$	$\dfrac{U_c}{\sqrt{2}}\dfrac{1}{2}$	$\dfrac{U_c}{\sqrt{2}}\sin\dfrac{\pi}{m}$
Courant dans un fil de ligne. (Valeur efficace.)	$p\,\mathcal{J}_c$ ou $2p\,\mathrm{I}_c$	$p\,\mathcal{J}_c\sqrt{2}$	$p\sqrt{2}\,\mathcal{J}_c$	$\dfrac{2p\sqrt{2}\,\mathcal{J}_c}{3}$	$\dfrac{2p\sqrt{2}\,\mathcal{J}_c}{4}$	$\dfrac{2p\sqrt{2}\,\mathcal{J}_c}{3}$	$\dfrac{2p\sqrt{2}\,\mathcal{J}_c}{m}$
Courant dans les enroulements, entre deux bagues adjacentes, au moment de la superposition des bagues et des balais. (Valeur efficace.)	I_c ou $\dfrac{\mathcal{J}_c}{2}$	$\mathrm{I}_c\sqrt{2}$ ou $\dfrac{\mathcal{J}_c}{\sqrt{2}}$	$\mathrm{I}_c\sqrt{2}$ ou $\dfrac{\mathcal{J}_c\sqrt{2}}{2}$	$\dfrac{2\mathrm{I}_c\sqrt{2}}{\dfrac{3\sqrt{3}}{2}}$ ou $\dfrac{\mathcal{J}_c\sqrt{2}}{\dfrac{3\sqrt{3}}{2}}$	$\dfrac{2\mathrm{I}_c\sqrt{2}}{\dfrac{4}{\sqrt{2}}}$ ou $\dfrac{\mathcal{J}_c\sqrt{2}}{\dfrac{4}{\sqrt{2}}}$	$\dfrac{\mathrm{I}_c\sqrt{2}}{\dfrac{3}{2}}$ ou $\dfrac{\mathcal{J}_c\sqrt{2}}{3}$	$\dfrac{2\mathrm{I}_c\sqrt{2}}{m\sin\dfrac{\pi}{m}}$ ou $\dfrac{\mathcal{J}_c\sqrt{2}}{m\sin\dfrac{\pi}{m}}$

Forme du courant résultant dans une section de commutatrice polyphasée.

Au moment où la ligne des bagues $a_1 a_2$ occupe une situation symétrique par rapport à la ligne des balais $B_1 B_2$, l'axe A de la section servant de repère, il en résulte dans la section l'existence du courant I^{max}, en supposant pour simplifier $\Psi = 0$ (et nous savons

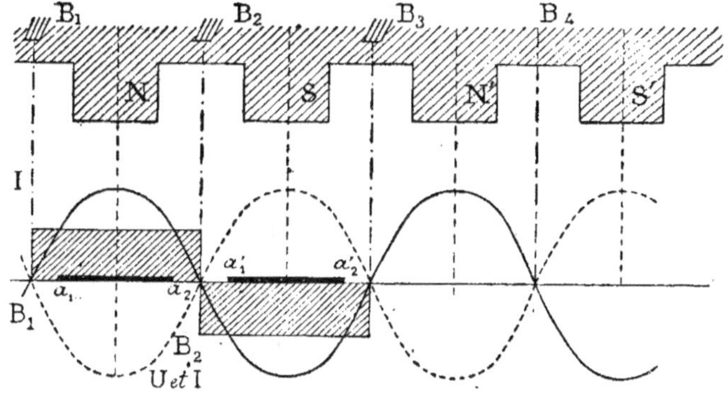

Fig. 28. — Détermination de la forme du courant résultant dans une commutatrice polyphasée.

qu'on peut toujours très facilement se rapprocher de cette condition).

Alors le courant résultant sera, dans la section $a_1 a_2$ (fig. 28) :

$$I_{max} - I_c$$

et d'une manière générale, il aura pour valeur :

$$I_{max} \cos p\alpha - I_c$$

le même dans toute la section, tant que a_2 n'aura pas atteint B_2, et aura ensuite pour valeur :

$$I_{max} \cos p\alpha - I_c$$

dans une des fractions de la section, et

$$I_{max} \cos p\alpha + I_c$$

dans l'autre.

Dans cette position symétrique, on a évidemment :

$$B_1 a_1 = B_2 a_2 = \frac{1}{2}\left[\frac{2\pi}{2p} - \frac{2\pi}{mp}\right] = \frac{2\pi}{2}\left[\frac{1}{2p} - \frac{1}{mp}\right] = \frac{2\pi}{2p}\left[\frac{1}{2} - \frac{1}{m}\right]$$

$$B_1 a_1 = B_2 a_2 = \frac{\pi}{p}\,\frac{m-2}{2m} = \pi\,\frac{m-2}{2pm}.$$

Calculons encore les pertes moyennes par effet Joule dans ce cas (pour une demi-période allant de N à S). On a aisément pour un quart de période, soit pour α variant de

$$0 \text{ à } \frac{2\pi}{4p}$$

et en posant

$$\alpha' = \alpha - \frac{\pi(m-2)}{2pm}$$

$$\frac{1}{\frac{2\pi}{4p}}\,P_{J\,(a_1 a_2)} = r\,\frac{n}{pm}\int_0^{\pi\frac{m-2}{2pm}}(I_{\max}\cos p\alpha - I_c)^2\,d\alpha$$

$$+ \int_{\frac{\pi(m-2)}{2pm}}^{\frac{\pi}{2p}}\frac{n}{2\pi}\,r\left(\frac{2\pi}{pm} - \alpha'\right)(I_{\max}\cos p\alpha - I_c)^2\,d\alpha$$

$$+ \int_{\frac{\pi(m-2)}{2pm}}^{\frac{\pi}{2p}} r\alpha'\,\frac{n}{2\pi}\,[I_{\max}\cos p\alpha + I_c]^2\,d\alpha.$$

La même expression conviendra pour le quart de période correspondant à α variant de $-\frac{2\pi}{4p}$ à 0. (Position symétrique par rapport à un axe polaire. On prendra la même expression intégrale, avec changement convenable de I_m en $-I_m$ et de I_c en $-I_c$ pour la demi-période suivante.)

Formons $P_{J\,moy}$. Nous aurons aisément, tous calculs faits :

$$P_{J\,moy} = \frac{nr}{pm}\,I_c^2\left[1 + \frac{8}{m^2\sin^2\frac{\pi}{m}} - \frac{16}{\pi^2}\right]$$

mais le terme :

$$r\,\frac{n}{2\pi}\cdot\frac{2\pi}{pm}\,I_c^2 = \frac{nr}{pm}\,I_c^2$$

représente la perte par effet Joule dans une section d'ouverture $\dfrac{2\pi}{pm}$ considérée comme fonctionnant par le seul courant continu, donc comme appartenant à une dynamo de courant continu I_c.

Remarquons que, dans les commutatrices, le nombre de paires de pôles est sans influence immédiate sur la perte ohmique. Il n'était pas inutile de le faire remarquer.

Nous pouvons prendre la valeur approchée 0,6 pour le facteur $1 - \dfrac{16}{\pi^2}$.

Nous aurons donc dans cette dernière hypothèse :

$$\frac{P_{J\,moy}\ \text{commut.}}{P_J\ \text{dynamo}} = -\,0,6 + \frac{8}{m^2 \sin^2 \dfrac{\pi}{m}}.$$

Formons la valeur du facteur $\dfrac{1}{m\sin\dfrac{\pi}{m}}$ On a :

$m =$	$m\sin\dfrac{\pi}{m}$	$\dfrac{1}{m\sin\dfrac{\pi}{m}}$
1	0	0
2	2	0,5
3	2,6	0,384
4	2,83	0,353
5	2,94	0,340
6	3	0,333

On constate ainsi, bien qu'il y ait avantage, au point de vue de la réduction de la perte ohmique, à accroître le nombre des phases, $\dfrac{1}{m\sin\dfrac{\pi}{m}}$ tendant vers la limite 0,30, qu'il n'y a pas intérêt à dépasser 4 ou 6 phases, le gain étant au delà illusoire, et ne suffisant pas à racheter le coût supplémentaire, entraîné par la complication de la multiplicité des phases.

CHAPITRE III

Commutatrices.

(Suite.)

CARACTÈRES PARTICULIERS DU FONCTIONNEMENT DES COMMUTATRICES
PRATIQUE DE LEUR EMPLOI

OSCILLATIONS PENDULAIRES DONT LES MOTEURS SYNCHRONES (MOTEURS ET COMMUTATRICES) SONT LE SIÈGE

Vu le cadre imposé par le titre de notre étude, nous nous occuperons, pour fixer les idées, de la commutatrice seule. Nos raisonnements seront, du reste, absolument généraux puisque nous allons supposer constant le couple résistant, soit électrique (commutatrice, côté courant continu), soit mécanique (moteur synchrone attelé à une transmission à couple constant).

Balancement de la commutatrice. — Pour simplifier notre calcul, supposons que nous ayons affaire à une commutatrice monophasée. La puissance instantanée UI fournie est variable, puisque périodique. D'autre part, si la résistance R du circuit alimenté par le courant continu est constante, on peut dire que la puissance

$$P_c = E_c I_c = \frac{E_c{}^2}{R},$$

est proportionnelle au carré de la vitesse, à excitation donnée. Il sera possible, comme il est fait pour l'étude des oscillations des groupes électrogènes à courants continus, de partir d'un couple C_g de dynamo donné par :

$$\boxed{C_g = \frac{P_c}{\omega'}} \tag{1}$$

ω' étant la vitesse angulaire de la machine. Donc C_g est proportionnel à la vitesse N, ou à la pulsation Ω' du mouvement du moteur synchrone constitué par le côté courant alternatif de la commutatrice.

C_m, couple moteur instantané dû à ce dernier moteur synchrone, aurait pour valeur dans une section ($2p$ sections dans l'induit),s'il n'y avait qu'un conducteur actif par section :

$$\boxed{C_m = LR\, \Sigma\, \mathcal{B}I = LR\, \mathcal{B}_{max}\, I_{max}\, \cos\Omega't\, \cos(\Omega't - p\psi)} \qquad (2)$$

en prenant, comme origine des temps, celui où l'index correspond à l'induction maxima (axe polaire). Mais il y a $\dfrac{n}{2p}$ conducteurs actifs. Soit K le facteur de réduction; en posant :

$$C_0 = K\, \frac{n}{2p}\, LR\, \mathcal{B}_{max}\, I_{max},$$

on voit que C_m est de la forme :

$$C_m = C_0 \cos\Omega't \cos(\Omega't - p\psi).$$

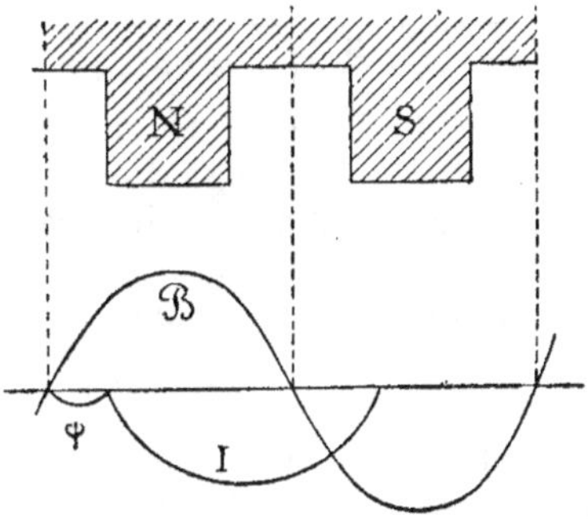

Fig. 29. — Situations respectives des inductions et des courants dans une commutatrice, rapportées aux positions des conducteurs.

De même C_g est de la forme :

$$C_g = G_o\omega',$$

G désignant une constante liée à l'excitation de la machine.

P_c étant la puissance continue fournie par une section ($\dfrac{n}{2p}$

conducteurs périphériques possédant chacun la f.é.m. moyenne $\mathfrak{B}_{moy} LV$), on a :

$$\frac{C_y}{\omega'} = \frac{P_c}{\omega'^2} = \frac{\left(\dfrac{n}{2p}\ \mathfrak{B}_{moy} LV\right)^2}{R\,\omega'^2}$$

$$V = 2\pi r N = r\omega',$$

r étant le rayon d'induit, d'où :

$$\frac{P_c}{\omega'^2} = \frac{\left(\dfrac{n}{2p}\ \mathfrak{B}_{moy} L r\right)^2 \omega'^2}{R\,\omega'^2} = \frac{\left(\dfrac{n}{2p}\ \mathfrak{B}_{moy} L r\right)^2}{R}.$$

Nous aurons donc :

$$G_0 = \frac{\left(\dfrac{n}{2p}\ \mathfrak{B}_{moy} L r\right)^2}{R}$$

et

$$C_g = \frac{\left(\dfrac{n}{2p}\ \mathfrak{B}_{moy} L r\right)^2}{R}\ \omega'. \tag{3}$$

Couple dû aux courants de Foucault et aux frottements. — Le couple moteur et le couple générateur sont tous deux fonctions du temps, mais le premier est périodique, et le second proportionnel à la vitesse. Il y aura donc des balancements de la commutatrice, c'est-à-dire qu'à certains moments d'une période, la vitesse angulaire $\omega' = \dfrac{\Omega'}{p}$ sera supérieure à la vitesse angulaire moyenne, et qu'à d'autres elle sera inférieure à cette valeur.

Ajoutons à ce fait que les irrégularités de vitesse seront également combattues par des couples supplémentaires de la forme :

$$a\omega' = a_1 \Omega',$$

relativement beaucoup moins énergiques, dus aux courants de Foucault développés dans les pièces polaires, dont l'intensité varie avec la vitesse relative de l'induit par rapport à l'inducteur, enfin par un couple :

$$b\omega' = b_1 \Omega',$$

dû aux frottements de l'air sur la partie tournante, et des tourillons sur les paliers, au moins quand les pertes d'énergie sont fonction du second degré de la vitesse.

Effet antagoniste. — D'après ce que nous avons dit au sujet de la réaction d'induit, dans une commutatrice, Φ'_a, flux fixe de réaction d'induit-alternateur est constant, et égal à Φ'_c, à peu près. Φ'_a et Φ_c sont les flux, fixes dans l'espace, de réaction d'induit, dus respectivement au courant alternatif et au courant continu. Φ''_a, dû aussi au courant alternatif, se déplace avec la vitesse $2\Omega'$ par rapport à Φ'_a et Φ'_c; de plus si Ω', pulsation du mouvement, est variable, et différente de Ω, Φ'_a oscille autour de sa vitesse moyenne, avec la vitesse $\Omega - \Omega'$ à chaque instant. Φ''_a tourne avec vitesse variable $\Omega + \Omega'$.

Si la commutatrice est polyphasée, la somme :

$$\Phi''_{a_1} + \Phi''_{a_2} + \Phi''_{a_3}$$

valeur des flux de réaction d'induit-alternateur relatifs aux trois phases (en un point) est nulle. Si la commutatrice est monophasée, Φ''_a est $\gtreqless 0$; mais $\Omega + \Omega'$ est pratiquement toujours voisin de

$$(\Omega + \Omega')_{\text{moy}} = \Omega + \Omega' = 2\Omega,$$

Φ''_a, comme dans un alternateur ordinaire, n'a donc pour effet que d'onduler les résultats.

Courants de Foucault dans les inducteurs formant frein. — Ainsi donc, les balancements de la commutatrice se manifesteront par l'apparition de courants de Foucault, dus au flux Φ'_a, qui va se balancer de part et d'autre de sa valeur moyenne.

Si la commutatrice avance $(\Omega' > \Omega)$, les courants de Foucault créent un couple antagoniste (loi de Lenz) et tendent à rétablir le synchronisme.

Si la commutatrice retarde $(\Omega' < \Omega)$, les courants de Foucault tendent à accélérer la marche, donc encore à rétablir le synchronisme. Ces courants donnent lieu à l'apparition de couples synchronisants.

Puissance perdue par courants de Foucault. — Traitons en particulier le cas où la commutatrice fonctionne sans décalage $(\Psi = 0)$.

Cherchons les puissances perdues par courants de Foucault, développées respectivement par les flux Φ''_a, Φ'_a et Φ'_c qui, lui aussi, est variable, car I_c est fonction de la vitesse; m étant une même constante, on peut poser, $\mathfrak{B}$ représentant l'induction due à un flux Φ considéré comme seul (fig. 30) :

$$\begin{cases} \mathfrak{B}''_{a\,max} = \dfrac{m\,I_{eff}\,\sqrt{2}}{2} \\[2mm] \mathfrak{B}'_{a\,max} = \dfrac{m\,I_{eff}\,\sqrt{2}}{2} \\[2mm] \mathfrak{B}'_c = m\,I_c\,\dfrac{\omega'}{\omega}. \end{cases}$$

I_c, courant en marche synchrone rigoureuse.

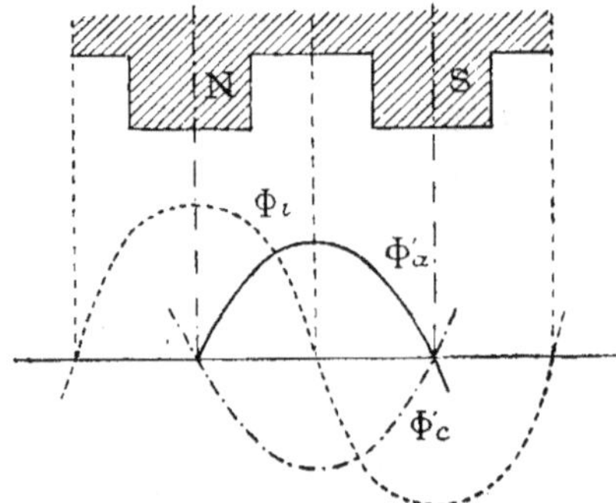

Fig. 30. — Situation des flux d'induit et du flux inducteur dans une commutatrice.

Il en résulte que les puissances perdues par courants de Foucault dans les pièces polaires, sont de la forme, m' étant une nouvelle constante convenable :

$$\begin{cases} P''_F = m'\,\dfrac{I^2_{eff}}{2}\,(\omega + \omega')^2 \\[2mm] P'_F = m'\,\dfrac{I^2_{eff}}{2}\,(\omega - \omega')^2 \\[2mm] P_c = m'\,I^2_c\,\left(\dfrac{\omega'}{\omega}\right)^2\,(\omega - \omega')^2 \end{cases}$$

d'où les couples

$$\left\{ \begin{aligned} C''_F &= \frac{m' \, I_{\text{eff}}^2}{2} \; \frac{(\omega + \omega')^2}{\omega'} \\[2mm] C'_F &= \frac{m' \, I_{\text{eff}}^2}{2} \; \frac{(\omega - \omega')^2}{\omega'} \\[2mm] C'_c &= m' \, I_c^2 \, (\omega - \omega')^2 \, \frac{\omega'}{\omega^2} \end{aligned} \right.$$

Si l'on remarque que, dans le cas du décalage nul :

$$\frac{I_{\text{eff}} \sqrt{2}}{2} = \, \sim \, I_c \, (1)$$

on voit que

$$C'_F - C'_c = m' I_c^2 \, (\omega - \omega')^2 \left[\frac{\omega^2 - \omega'^2}{\omega^2 \omega'} \right]. \qquad (4)$$

Il faut prendre évidemment $C'_F - C_c$ et non $C'_F + C'_c$, car les systèmes de courant de Foucault développés dans les pièces polaires par Φ'_a sont de sens différents de ceux développés par Φ'_c. Nous aurons, pour le couple total retardateur dû aux courants de Foucault :

$$\Gamma_F = m' \, I_c^2 \left[\frac{(\omega + \omega')^2}{\omega'} + \frac{(\omega - \omega')^2 \, (\omega^2 - \omega'^2)}{\omega^2 \, \omega'} \right]$$

le couple peut écrire

$$\Gamma_F = m' \, I_c^2 \, \frac{(\omega + \omega')}{\omega^2 \, \omega'} \left[(\omega + \omega') \, \omega^2 + (\omega - \omega'^3) \right].$$

En posant

$$\omega' - \omega = \Delta$$

et en s'arrêtant aux termes du premier ordre en Δ, ce couple peut être considéré comme de la forme :

$$\Gamma_F = \gamma_0 + \gamma \, (\omega - \omega') = \gamma_0 + \gamma \Delta. \qquad (5)$$

C'est la forme que nous conserverons; γ_0 existe seul quand la marche est rigoureusement synchrone; $\gamma \, (\omega - \omega')$ apparaît lors du balancement.

---

(1) Le symbole $\sim$ signifiant *environ*.

Equation du balancement. — Nous pouvons écrire, en appelant K le moment d'inertie de la partie tournante, $K \dfrac{d\omega'}{dt}$ le couple d'accélération angulaire, et posant

$$A = a + b + c,$$

(coefficients de proportionnalité à la vitesse des couples-freins divers ci-dessus énumérés)

$$\chi = p\psi$$

(valeur approchée de φ, décalage)

$$K \frac{d\omega'}{dt} + G_0\,\omega' + A\,\omega' + B = C_0 \cos\Omega t \cos(\Omega't + \chi).$$

B représente la partie des couples-freins indépendante de la vitesse.

Remarquons que C_0 et G_0 ont une importance capitale par rapport à a, b, c, A et B, qui peuvent être supposés négligeables en première approximation. Cette équation différentielle donnera la loi $\omega'(t)$ du balancement. Elle peut s'écrire, sous cette forme simplifiée :

$$\boxed{\; K \frac{d\omega'}{dt} + G_0\,\omega' = C_0\left[\cos^2 \Omega't \cos\chi - \sin\Omega't \cos\Omega't \sin\chi\right) \;} \qquad (6)$$

ou si

$$K_1 = \frac{K}{p} \qquad G = \frac{G_0}{p}$$

$$K_1 \frac{d\Omega'}{dt} + G\Omega' = \frac{1}{2} C_0 \cos\chi + \frac{1}{2} C_0 \cos\chi \cos 2\Omega't - \frac{1}{2} C_0 \sin\chi \sin 2\Omega't.$$

Solution générale de l'équation sans second membre. — Cherchons l'intégrale Ω'_1, solution générale de l'équation sans second membre :

$$\boxed{\; K_1 \frac{d\Omega'}{dt} + G\Omega' \; - \; C_0 \frac{\cos\chi}{2} = 0 \;} \qquad (a)$$

ce sera :

$$\Omega'_1 = \mu\, e^{-\frac{Gt}{K_1}} + \frac{C_0 \cos\chi}{2G}$$

En effet, elle vérifie bien l'équation (a) comme on s'en convainc aisément en formant :

$$K_1 \frac{d\Omega'}{dt}.$$

On a donc, l'exponentielle négative n'ayant pratiquement au
bout d'un certain temps aucune influence :

$$G \, \Omega'_1 = \frac{G_0 \cos\chi}{2}$$

Ω'_1, c'est la valeur moyenne Ω de :

$$\boxed{\Omega'_1 = \frac{C_0 \cos\chi}{2G} = \Omega} \qquad\qquad (b)$$

Ω, pulsation du courant d'alimentation. On aurait pu trouver ce
résultat en identifiant les couples moteur et générateur moyen :

$$G \, \Omega'_{moy} = n LR \, \mathcal{B}_{eff} \, I_{eff} \cos p\,\psi.$$

Solution particulière de l'équation avec second membre. —
La solution particulière de l'équation avec second membre, deuxième
partie de l'intégrale générale :

$$\boxed{K_1 \frac{d\Omega'}{dt} + G\Omega' = C_0 \frac{\cos\chi}{2}\cos 2\Omega't - C_0 \frac{\sin\chi}{2}\sin 2\Omega't}$$

est évidemment de la forme (α et β étant des constantes à déterminer) :

$$\boxed{\Omega'_2 = \alpha\cos 2\Omega't + \beta\sin 2\,\Omega't}$$

car Ω' est, dans ces formules, une fonction du temps, mais si nous
prenons, pour éviter des calculs trop pénibles, Ω' pratiquement égal
à Ω'_1, nous aurons, ce qui est suffisant :

$$K_1 \left[-2\,\alpha\Omega_1' \sin 2\Omega_1't + 2\,\beta\,\Omega'_1 \cos\Omega'_1t \right] + G \left[\alpha\cos 2\,\Omega'_1t + \beta\,\sin 2\Omega'_1t \right]$$

$$= C_0 \frac{\cos\chi}{2}\cos 2\Omega'_1t - C_0 \frac{\sin\chi}{2}\sin 2\Omega'_1t$$

d'où, puisque cette équation doit être vérifiée quel que soit le temps :

$$\begin{cases} G\beta - 2\alpha\Omega'_1 K_1 + C_0 \dfrac{\sin\chi}{2} = 0 \\[2mm] G\alpha + 2\beta\Omega'_1 K_1 - C_0 \dfrac{\cos\chi}{2} = 0 \end{cases}$$

d'où :

$$\begin{cases} \alpha = \dfrac{C_0}{2}\ \dfrac{G\cos\chi + 2\Omega'_1 K_1 \sin\chi}{G^2 + 4\Omega_1'^2 K_1^2} \\[3mm] \beta = \dfrac{C_0}{2}\ \dfrac{2\Omega'_1 K_1 \cos\chi - G\sin\chi}{G + 4\Omega_1'^2 K_1^2} \end{cases}$$

Loi du balancement de la commutatrice. — Nous avons donc la loi de balancement, l'origine des temps coïncidant avec le moment de la superposition de l'axe d'une bobine et d'un axe interpolaire (1). En remarquant que :

$$\Omega'_1 = \frac{C_0}{2G}\cos\chi = \Omega$$

et que, par suite

$$\frac{2\Omega_1' K_1}{G} = \frac{2}{G} K_1 \frac{C_0}{2G}\cos\chi = \frac{C_0 K_1 \cos\chi}{G^2}$$

nous obtenons d'abord :

$$\Omega' = \frac{C_0 \cos\chi}{2G}\left[1 + \frac{1 + \dfrac{C_0 K_1}{C^2}\,\operatorname{tg}\chi}{1 + \dfrac{C_0^2 K_1^2}{G^4}\cos^2\chi}\cos\left(\frac{C_0}{G}\cos\chi\right) + \right.$$
$$\left. + \frac{\dfrac{C_0 K_1}{G^2} - \operatorname{tg}\chi}{1 + \dfrac{C_0^2 K_1^2}{G^4}\cos^2\chi}\sin\left(\frac{C_0}{G}\cos\chi\right) t \right]$$

Posons :

$$H = 2\Omega'_1 K_1 = 2\Omega K_1 = \frac{C_0 K_1 \cos\chi}{G}$$

---

(1) Rappelons que la f.é.m. développée dans uu conducteur étant représentée par $\mathcal{B}_{max} LV \cos\Omega t$ (origine axe polaire) la représentation de la f.é.m. développée dans la spire sera en quadrature avec la précédente.

et utilisons notre remarque, à savoir que :

$$\frac{C_0}{2G} \cos\chi = \Omega_1' = \Omega$$

Il vient :

$$\Omega' = \Omega + \Omega G \left[\frac{G + H \operatorname{tg}\chi}{G^2 + H^2} \cos 2\,\Omega t + \frac{H - G \operatorname{tg}\chi}{G^2 + H^2} \sin 2\,\Omega t \right] \quad (c)$$

Il en résulte, pour les angles ζ parcourus de part et d'autre de la position moyenne, l'équation de définition :

$$\Omega' - \Omega = p\,\frac{d\zeta}{dt} = \Omega G \xi$$

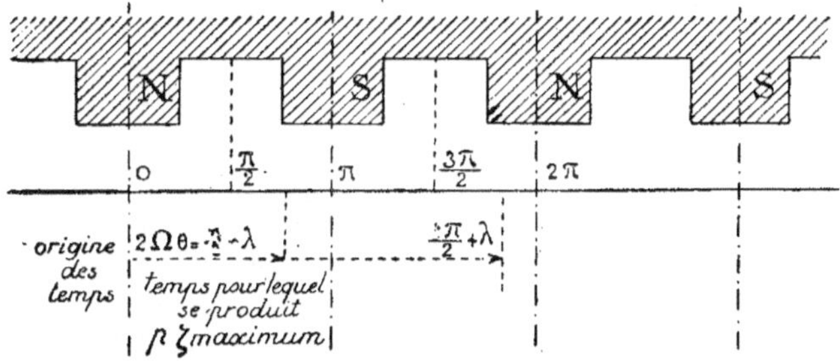

Fig. 31. — Écart angulaire dû au balancement d'une commutatrice.

en appelant ξ la quantité entre parenthèses. Enfin :

$$p\zeta = \Omega G \int \xi\,dt = \frac{G}{2}\left[\frac{G + H\operatorname{tg}\chi}{G^2 + H^2} \sin 2\Omega t - \frac{H - G\operatorname{tg}\chi}{G^2 + H^2} \cos 2\Omega t \right] \quad (d)$$

$p\,\zeta$ ne renferme pas de constante d'intégration, car pour Ω' maximum :

$$p\zeta = 0.$$

Posons :

$$\operatorname{tg}\lambda = \frac{H - G\operatorname{tg}\chi}{G + H\operatorname{tg}\chi}.$$

Avec, rappelons-le :

$$H = 2\Omega K_1$$
$$G = \frac{G_0\,\omega'}{\Omega}$$

On remarquera en passant la signification du rapport

$$\frac{H}{G\Omega} = \frac{2\Omega K_1}{G_0\,\omega'} \text{ proportionnel à } \frac{\text{Energie cinétique}}{\text{Puissance de la machine}} \times \frac{1}{\Omega}$$

dont on conçoit nettement l'influence dans le problème qui nous préoccupe.

On a donc :

$$\Omega' - \Omega = p\,\frac{d\varsigma}{dt} = \varpi \cos(2\,\Omega\,t - \lambda)$$

avec :

$$\varpi = \Omega\,G\,\frac{\sqrt{G^2 + H^2}}{(G^2 + H^2)}\quad\frac{1}{\cos\chi} = \frac{\Omega\,G}{\sqrt{G^2 + H^2}\,\cos\chi}\qquad (e)$$

$$p\zeta = \frac{\varpi}{2\,\Omega}\sin(2\,\Omega\,t - \lambda)\qquad (f)$$

Cherchons $(p\zeta)$ maximum, valeur maxima de l'écart. Cette éventualité a lieu pour le temps :

$$\theta = \frac{\frac{\pi}{2} + \lambda}{2\,\Omega}.$$

Nous avons alors :

$$\boxed{(p\zeta)_{\max} = \frac{\varpi}{2\,\Omega}\sin(2\,\Omega\,\theta - \lambda) = \frac{\varpi}{2\,\Omega} = \frac{G}{2\cos\chi}\,\frac{1}{\sqrt{G^2 + H^2}}}$$

Nous pouvons aussi tracer sur la figure les positions du point figuratif de la marche de la machine correspondant à $\zeta_{\max}$. On a supposé pour simplifier, sur la figure 31, pris pour origine des temps ou mieux des arcs parcourus, un axe polaire.

Conditions de stabilité. — Sous le bénéfice des hypothèses simplificatives de calcul déjà faites au début, qui devraient être corrigées pour donner aux résultats ci-dessus toute leur valeur, on peut chercher quelle est la limite de $p\zeta$ admissible pour la stabilité.

Or, s'il existe un angle Ψ de décalage entre I_m et $-E'$, cela veut dire qu'un conducteur d'une bobine occupant la position moyenne O N, le courant qui le parcourt est, non plus $I_{\max}$, mais $I_m < I_{\max}$ (fig. 32).

Si le conducteur de la bobine

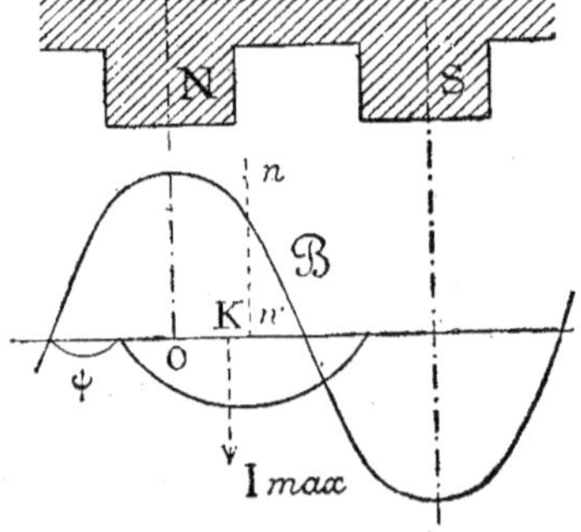

Fig. 32. — Effet de l'écart angulaire du balancement d'une commutatrice.

occupe la position instantanée nn', sa position moyenne (celle qu'elle occuperait s'il n'y avait pas de balancement), étant ON le courant étant toujours I_m, il pourra arriver, si

$$\mathrm{OK} + \mathrm{K}n' \gtreqless \frac{\pi}{2p}$$

que le courant envoyé soit de sens contraire à celui que nécessite la marche de la machine en moteur synchrone.

Nous voyons donc, puisque

$$\zeta = \mathrm{K}\,n'$$

que a limite de $(p\zeta)_{max}$ nous est donnée par :

$$(p\,\zeta)_{max} \leqq \frac{\pi}{2} - \chi$$

avec

$$\chi = p\,\psi.$$

L'équation de condition est la suivante, en remplaçant $(p\zeta)$ par sa valeur :

$$(p\zeta)_{max} = \frac{\mathrm{G}}{2\cos p\psi}\,\frac{1}{\sqrt{\mathrm{G}^2 + \mathrm{H}^2}} < \frac{\pi}{2} - p\psi$$

c'est-à-dire :

$$\mathrm{G}^2 \left[\frac{1}{\cos^2 p\psi} - (\pi - 2p\psi)^2\right] < 4\,\Omega^2\,\mathrm{K}_1{}^2\,(\pi - 2p\psi)^2.$$

APPLICATION DE LA CONNAISSANCE DE LA FORME VARIABLE DU COURANT DANS UNE COMMUTATRICE.

CALCUL DES $(at)_{moy}$ DE RÉACTION D'INDUIT.

Ce calcul est utile pour l'établissement d'un projet de commutatrice à induit en anneau, d'après une méthode basée sur la conception du passage d'un flux dans un enroulement, au lieu de celle que nous avons employée ici habituellement, à savoir : développement des f.é.m. dans des conducteurs déplacés au sein d'un entrefer. Suivant cette dernière conception, la f.é.m. développée dans un conducteur était, rappelons-le (fig. 33) :

$$e = \mathfrak{B}\mathrm{LV}$$

Celle développée dans $\frac{n}{2p}$ conducteurs

$$E = LV \Sigma \mathcal{B}$$

ou plus exactement :

$$E_{moy} = \frac{n}{2p} \frac{LV}{\frac{2\pi}{2p}} \int_0^{\frac{2\pi}{2p}} \mathcal{B}\, d\alpha$$

c'est-à-dire :

$$E_{moy} = \frac{n}{2p}\, e_{moy}.$$

Dans l'autre, c'est-à-dire la première conception, on considère le flux coupé par une spire ; il est nul lorsqu'elle est en N et S, positions des axes polaires, mais maximum pour la ligne neutre B_1.

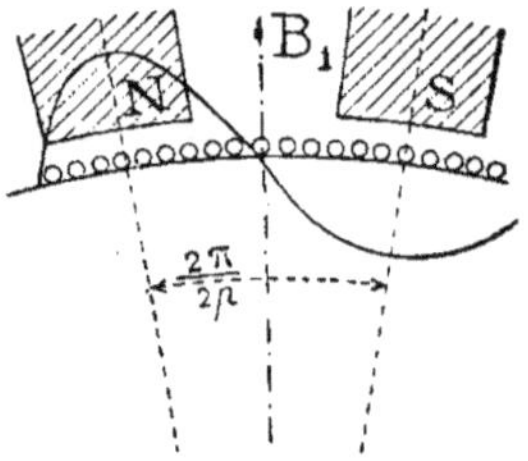

On admet qu'il varie sinusoïdalement, ce qui est tout gratuit. On a donc

$$\Phi = \Phi_{max} \sin p\alpha$$

ou

$$\Phi = \Phi_{max} \sin p\omega t$$

en prenant pour origine des écarts, la position NN, et remarquant que

Fig. 33. — Calcul des (at) de réaction d'induit dans une commutatrice.

$$\Phi_{max} = \frac{\Phi_p}{2},$$

Φ_p étant le flux s'échappant d'un pôle. Il en résulte

$$e_{moy} = \frac{\Phi_{max}}{\frac{T}{2}}$$

T étant la durée d'une période, ou

$$e_{moy} = \frac{\Phi_p}{2} \frac{1}{\frac{T}{4}} = \frac{2\Phi_p}{T}$$

Comme il y a $\dfrac{n}{2p}$ spires dans la section considérée de l'anneau, il en résulte

$$\frac{n}{2p}\, e_{\text{moy}} = E_{\text{moy}} = \frac{n}{2p}\, \frac{2\,\Phi_p}{T}$$

et comme :

$$T = \frac{1}{Np}$$

$$E_{\text{moy}} = \frac{n}{2p}\, \frac{2\,\Phi_p}{T} = \frac{n}{p}\, \Phi_p\, pN$$

$$E_{\text{moy}} = nN\,\Phi_p.$$

Soient, conformément à la théorie générale des dynamos à courants continus, $2p$ sections en série, et $2p_1$ circuits induits en parallèle, n_{T} conducteurs périphériques ; on aura, si

$$n = n_{\text{T}}\, \frac{1}{2p_1}$$

$$E_{\text{moy}} = 2p\, \frac{n_{\text{T}}}{2p_1}\, \Phi_p N$$

$$\boxed{E_{\text{moy}} = \frac{p}{p_1}\, N\, n_{\text{T}}\, \Phi_p}\quad \text{ici } \frac{p}{p_1} \lessgtr 1.$$

Nous retombons bien sur la même expression de f.é.m. moyenne que celle que nous avions obtenue en partant de l'induction dans l'entrefer.

Remarquons cependant, dans le cas d'une machine alternative (pas de balais fixes, bagues et liaisons entraînées avec l'induit), que

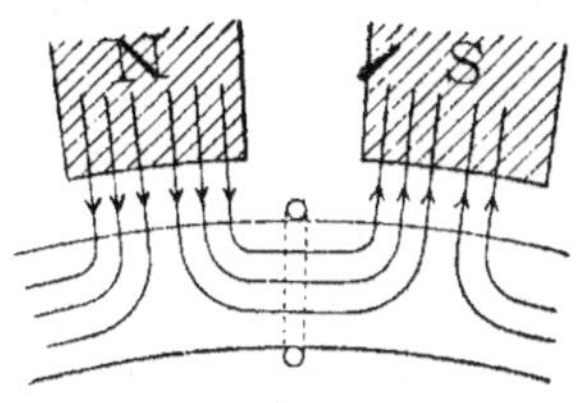

Fig. 34. — Circulation du flux dans une commutatrice.

l'obtention d'une f.é.m. sinusoïdale est plus sûre, en partant d'une induction dans l'entrefer, que les procédés actuels de construction peuvent rendre sinusoïdale, ou à peu près, que d'un flux

$$\Phi = \Phi_{\text{moy}} \sin p\alpha$$

dans l'induit, qui ne l'est certainement pas a priori, comme le montre la représentation ci-dessus (fig. 34).

Quoi qu'il en soit, cherchons la valeur des (at) moyens de réaction d'induit dans une commutatrice. Reportons-nous pour cela à l'étude donnée plus haut, du courant dans cette commutatrice.

Nous aurons dans une section [$\dfrac{n}{2p}$ conducteurs]

$$\text{Portion de gauche} \atop \text{courant prédominant} \; J \; \left\{ : \dfrac{n}{2p} \dfrac{\dfrac{2\pi}{2p} - \alpha}{\dfrac{2\pi}{2p}} = \dfrac{n}{2\pi} \left[\dfrac{2\pi}{2p} - \alpha \right] = \nu \text{ conduct.} \right.$$

$$\text{Portion de droite} \atop J' \; \left\{ : \dfrac{\dfrac{n}{2p} \alpha}{\dfrac{2\pi}{2p}} = \dfrac{n\alpha}{2\pi} = \nu' \text{ conducteurs.} \right.$$

d'où pour les (at)

$$\text{Portion de gauche} : \dfrac{n}{2\pi} \left[\dfrac{2\pi}{2p} - \alpha \right] (I_m - I_c)$$

$$\text{Portion de droite} : \dfrac{n\alpha}{2\pi} (I_m + I_c).$$

Or :

$$I_m = I_{max} \cos p\alpha \qquad \text{si } \psi = 0$$
$$I_m = I_{max} \cos p(\alpha - \psi) \qquad \psi \gtreqless 0$$

avec nos conventions de signes habituelles.

Mais supposons, hypothèse correspondant à une éventualité presque générale : $\psi = 0$, pour simplifier, ce qui n'ôte rien à la généralité de la démonstration (1).

Considérons donc une section de commutatrice déterminée, et voyons quelle est la valeur moyenne des (at) d'induit quand elle passe, de la position caractérisée par :

$$\alpha = 0$$

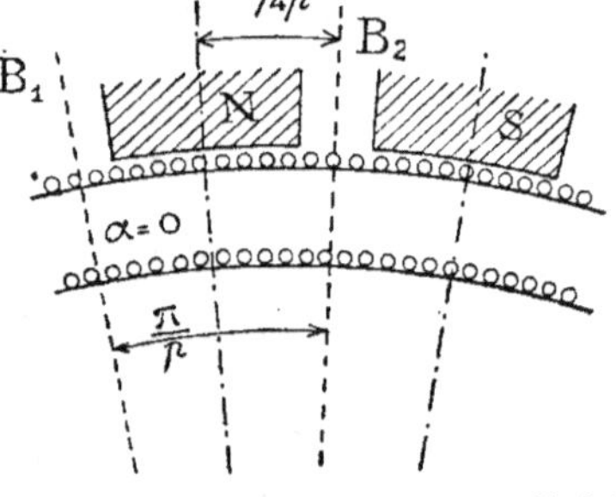

Fig. 35. — Calcul des (at) de réaction d'induit dans une commutatrice.

---

(1) Rappelons qu'une commutatrice n'étant qu'un moteur synchrone, au moins quand elle transforme du courant alternatif en courant continu, on peut par le jeu de l'excitation maintenir le facteur de puissance sensiblement égal à 1.

à la position caractérisée par

$$\alpha = \frac{\pi}{2p}.$$

Nous aurons :

$$(at)_{\text{moy}} = \sum_{0}^{\frac{2\pi}{4p}} \nu \mathcal{J} + \nu' \mathcal{J}'$$

$$= \frac{1}{\frac{2\pi}{4p}} \int_{0}^{\frac{2\pi}{4p}} (\nu \mathcal{J} + \nu' \mathcal{J}')\, d\alpha.$$

Formons

$$\nu \mathcal{J} + \nu' \mathcal{J}'.$$

Nous aurons :

$$\nu \mathcal{J} + \nu' \mathcal{J}' = \frac{n\alpha}{2\pi} 2\,\mathrm{I}_c + \frac{n}{2\pi} \frac{2\pi}{2p} [\mathrm{I}_{\max} \cos p\alpha - \mathrm{I}_c]$$

$$\nu \mathcal{J} + \nu' \mathcal{J}' = \frac{n}{2\pi} \left(2\alpha - \frac{2\pi}{2p}\right) \mathrm{I}_c + \frac{n}{2p} \mathrm{I}_{\max} \cos p\alpha$$

$$\nu \mathcal{J} + \nu' \mathcal{J}' = \frac{n}{2\pi} \mathrm{I}_c \frac{2p\alpha - \pi}{p} + \frac{n}{2p} \mathrm{I}_{\max} \cos p\alpha$$

d'où, en remarquant au cours du calcul que $\mathrm{I}_{\max} = 2\,\mathrm{I}_c$

$$(at)_{\text{moy}} = \frac{\frac{n}{2p}}{\frac{2\pi}{4p}} \int_{0}^{\frac{2\pi}{4p}} \left[\mathrm{I}_c \left(\frac{2p\alpha}{\pi} - 1\right) d\alpha + \mathrm{I}_{\max} \cos p\alpha\, d\alpha) \right]$$

$$(at)_{\text{moy}} = \frac{n}{\pi} \left[2\,\mathrm{I}_c \frac{p}{\pi} \frac{\alpha^2}{2} - \mathrm{I}_c \alpha + \frac{\mathrm{I}_{\max}}{p} \sin p\alpha \right]_{0}^{\frac{2\pi}{4p}}$$

$$(at)_{\text{moy}} = \frac{n}{\pi} \left[\frac{p\alpha^2}{\pi} \mathrm{I}_c - \alpha\,\mathrm{I}_c + \frac{2\,\mathrm{I}_c}{p} \sin p\alpha \right]_{0}^{\frac{2\pi}{4p}}$$

$$(at)_{\text{moy}} = \frac{n}{\pi} \mathrm{I}_c \left[\frac{\alpha}{\pi} (p\alpha - \pi) + \frac{2 \sin p\alpha}{p} \right]_{0}^{\frac{2\pi}{4p}}$$

$$(at)_{\text{moy}} = \frac{n}{\pi}\, \mathrm{I}_c \left[\frac{\frac{2\pi}{4p}}{\pi} \left(\frac{\pi}{2} - \pi\right) + \frac{2}{p} \right]$$

$$(at)_{\text{moy}} = \frac{n}{\pi} \, \mathrm{I}_c \; \left[- \frac{1}{2p} \frac{\pi}{2} + \frac{2}{p} \right]$$

$$(at)_{\text{moy}} = \frac{n \, \mathrm{I}_c}{2\pi p} \left(- \frac{\pi}{2} + 4 \right) = \frac{1}{2} \frac{n}{2p} \, \mathrm{I}_c \left(-1 + \frac{8}{\pi} \right)$$

$$(at)_{\text{moy}} = \frac{n}{4p} \, \mathrm{I}_c \left(\frac{8}{\pi} - 1 \right) = \frac{n}{4p} \, \mathrm{I}_c \left[\frac{8}{3.14} - 1 \right]$$

Donc, dans un quart de période, on peut adopter, comme expression des (at) moyens créant la f.é.m. d'induit circulant dans l'anneau :

$$(at)_{\text{moy}} = \frac{n}{2p} \, \mathrm{I}_c \, \frac{1}{2} \left(\frac{8}{3.14} - 1 \right)$$

dans le cas d'une machine à courant continu seule, ces (at) seraient :

$$\frac{n}{2p} \, \mathrm{I}_c.$$

La réaction d'induit est donc réellement réduite dans le rapport :

$$\frac{1}{2} \frac{8 - \pi}{\pi} = \frac{1}{2} \frac{4.86}{3.14} = 0,77.$$

Combinaison du flux induit et du flux inducteur. — Dans le même temps, correspondant au passage de la position **1** à la position N, ou de la position N à la position 2, temps correspondant à un écart angulaire :

$$\left(\alpha = \frac{2\pi}{4p} \right)$$

une spire donnée a été parcourue par un flux dont la variation, pour toutes, est la même, soit Φ_{max}, si l'on convient de considérer comme négatifs les flux dirigés de droite à gauche, et comme positifs ceux dirigés de gauche à droite.

La f.é.m. induite dans les spires par le flux inducteur proprement dit a donc été, dans le même intervalle :

$$\mathrm{E}_{\text{moy}} = \Sigma \, e_{\text{moy}} = \frac{n}{2p} \frac{\Phi_{\text{max}}}{\dfrac{\mathrm{T}}{4}}$$

$$\mathrm{E}_{\text{moy}} = \frac{n}{2p} \frac{2\Phi_p}{\mathrm{T}} = n' \frac{2\Phi_p}{\mathrm{T}}$$

En remarquant que $\Phi_p = 2\,\Phi_{max}$ et en posant

$$n' = \frac{n}{2p}$$

Par conséquent, le flux d'induit Φ^a circulant dans une section d'induit, et provenant, tant du courant alternatif que du courant continu d'alimentation, — si l'expression :

$$\Phi = \frac{\Phi_p}{2}\cos p\,\alpha$$

$$\Phi = \frac{K\nu i_0}{2}\cos p\,\alpha$$

(νi_0, ampère-tours inducteurs par pôle, K, constante convenable), représente le flux inducteur traversant cette spire, — sera représentable par

$$\Phi_a = 0{,}77\ K\,\frac{n}{2p}\ I_c \cos\left(p\,\alpha - \frac{\pi}{2}\right)$$

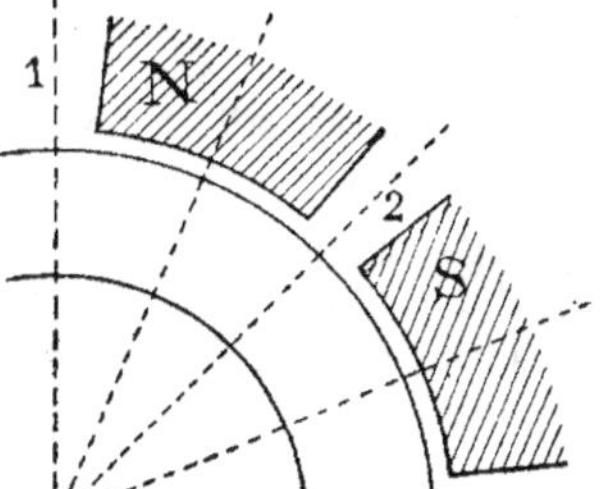

Fig. 36. — Combinaison du flux d'induit et du flux inducteur dans une commutatrice.

car ce flux est en quadrature avec le flux inducteur (fig. 36).

REMARQUE. — On voit que la réaction d'induit de la commutatrice (bien que sensiblement affaiblie) par rapport à ce qu'elle serait, dans le cas d'une dynamo de même intensité, n'est cependant pas nulle, comme nous l'avions admis, sinon en première approximation du moins en considérant *à part* les courants alternatifs et les courants continus.

En effet, pour quelle le fût, il faudrait, même en reprenant les hypothèses faites préalablement :

$$\psi = 0 \qquad \eta = 1$$

que les courants $I_{max} \cos p\,\alpha$ et I_c aient pour siège des circuits distincts, car les intégrales obtenues, lors de la recherche des (at) efficaces, portant sur des termes de la forme :

$$\int \left(I_{max} \cos p\,\alpha \pm I_c\right)^2 dt$$

par exemple, ne donnent pas les mêmes valeurs efficaces que celles portant simplement sur les courants :

$$I_{max} \cos p\,\alpha$$

et en outre, nous ne saurions trop insister, sur le fait très important de la constitution des circuits, qui change à chaque instant, communs aux courants continus et alternatifs.

On peut remarquer que les ampère-tours effectifs seront en général la résultante des ampère-tours d'induit $(at)_{amoy}$ en quadrature (si $\Psi = 0$) et des (at) inducteurs.

On pourra être amené à décaler légèrement les balais de la commutatrice. Supposons ce décalage non réalisé.

Les ampère-tours inducteurs (at) sont ceux afférents à un pôle, ou, ce qui revient au même, à un circuit magnétique.

Sous le bénéfice d'hypothèses souvent faites dans l'étude des courants continus, hypothèses qui ne sont valables que dans le cas d'une première approximation, on pourra admettre la proportionnalité des flux fictifs aux (at) et écrire :

$$\frac{\sqrt{(at)_i^2 + (at)_a^2{}_{moy}}}{\mathfrak{B}'_{moy}} = \frac{(at)_i}{\mathfrak{B}_{moy}}$$

$\mathfrak{B}'_{moy}$ étant la nouvelle valeur de l'induction et en charge, dans une section de commutatrice, $\mathfrak{B}_{moy}$ étant la valeur à vide. On a donc

$$\frac{\sqrt{(at)_i^2 + (at)_a^2{}_{moy}}}{(at)_i} \mathfrak{B}_{moy} = \mathfrak{B}'_{moy}$$

dans le cas du décalage des balais, une nouvelle valeur, facile à établir $(at)'_i$ pourrait, dans une forme analogue, représenter les (at) effectifs (ampère-tours inducteurs combinés avec les (at) d'induit), ce qui permettrait en particulier :

1° De calculer les pertes parasites dans une section de la commutatrice;

2° De comparer ces pertes à celles existant, dans la même machine, fonctionnant en génératrice à courants continus ou en alternateur;

3° De calculer les f.é.m. réelles en charge, alternatives ou continues.

Remarque. — **Commutation aux balais.** — On pourrait étudier le phénomène de la commutation aux balais dans une commutatrice au moyen d'une méthode de calcul reposant sur les bases ci-dessus. Nous ne nous arrêterons pas à cette recherche, malgré tout l'intérêt qu'elle présente.

PRATIQUE DE L'EMPLOI DES COMMUTATRICES

MISE EN ROUTE D'UNE COMMUTATRICE — COMMUTATRICES EN PARALLÈLE

Mise en route. — Les commutatrices peuvent être mises en route, soit du côté continu (moteur shunt), soit du côté courant alternatif (moteur synchrone), soit par une source extérieure de puissance mécanique (petit moteur asynchrone amenant avec réglage la vitesse de marche jusqu'au synchronisme).

Remarquons que, pour le démarrage côté courant alternatif, dans les commutatrices comme dans les moteurs synchrones, on peut, quand la constitution de ces appareils s'y prête (c'est le cas général, pour une machine de forte puissance), opérer comme ci-dessous.

Laissons ouvert le circuit d'excitation de la machine ; les courants polyphasés qui passent dans l'induit produisent des flux tournants qui se déplacent autour de l'armature, provisoirement fixe, avec la vitesse du synchronisme. Il en résulte une aimantation des pièces polaires, surtout si celles-ci, comme on le fait à dessein, sont pleines ; et comme, en vertu de l'hystérésis, cette aimantation à son maximum en retard dans l'espace par rapport au maximum du flux inducteur, il y a tendance à la mise en route du système, sous l'action du flux tournant d'induit Φ agissant sur le magnétisme développé dans les inducteurs, et les courants de Foucault développés dans lesdites masses.

Si l'inducteur est mobile, et l'induit fixe (moteur synchrone en général), l'inducteur se déplace dans le sens de Φ avec une vitesse graduellement croissante, les puissances mises en jeu par les courants de Foucault variant proportionnellement au carré de la vitesse de Φ par rapport aux pôles (fig. 37).

Si l'induit est mobile, l'inducteur restan fixe (commutatrice) c'est l'induit qui se déplace en sens contraire, en vertu du principe de l'action et de la réaction, et la pulsation relative du déplacement du flux par rapport à l'inducteur est maintenant :

$$\Omega - p\,\omega',$$

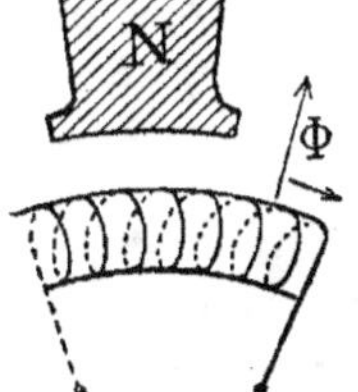

Fig. 37. — Mise en route d'une commutatrice par le champ tournant d'induit.

ω' étant la vitesse de l'induit.

La vitesse de synchronisme est assez rapidement atteinte en général par ce procédé. Celui-ci, pour être pleinement compris et apprécié, nécessite la connaissance parfaite des propriétés des champs tournants (1).

Remarques. — I. Pour ce mode de démarrage, il y a avantage à employer des pièces polaires massives sur la machine et des circuits amortisseurs.

II. De même, il convient d'installer, entre la réceptrice et le réseau, une résistance, ou mieux, une self réglable de façon à pouvoir graduer la différence de potentiel mise aux bornes de l'enroulement, et ne pas brûler la machine encore arrêtée (fig. 38).

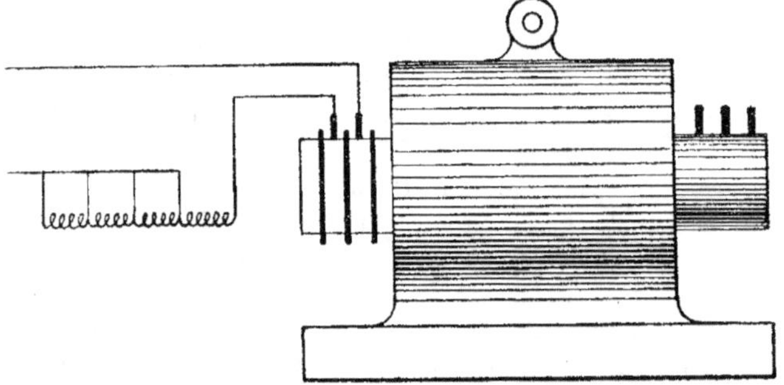

Fig. 38. — Mise en route d'une commutatrice.

III. D'autre part, il est indispensable que le circuit inducteur soit ou ouvert, ou fermé sur une résistance très grande.

En effet, l'induit et l'inducteur étant au repos, constituent un transformateur dont le primaire est l'induit I et le secondaire, l'inducteur II. Si l'on ne ferme pas l'inducteur sur une résistance suffisamment grande, le circuit induit I sera le siège d'un courant exagéré, d'où destruction d'enroulements (fig. 39).

IV. La polarité des balais de la commutatrice (côté courant continu) n'est pas fixée à priori, et dépend des conditions dans lesquelles, le synchronisme étant obtenu, s'est fait le couplage de la machine sur le réseau (fig. 39 à 43).

---

(1) On se reportera avec intérêt à ce sujet à notre *Cours Municipal d'Électricité industrielle*, Geisler, éditeur à Paris (2e partie, Courants alternatifs).

En effet, la commutatrice étant en vitesse, nous fermons les inducteurs sur les balais, pour réaliser l'auto-excitation. Soit, au moment du couplage, la position $a\,b$ du diamètre des bagues (commutatrice bipolaire par exemple).

L'axe de la bobine occupant dans le voisinage d'un pôle la posi-

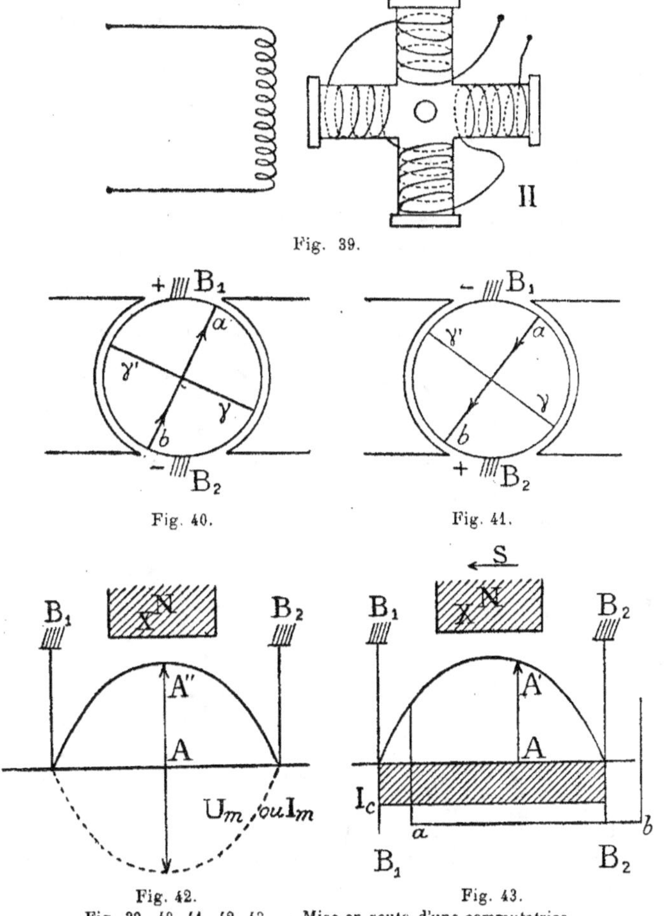

Fig. 39, 40, 41, 42, 43. — Mise en route d'une commutatrice.

tion A_1, le courant I_m ayant la valeur A A′, les balais B_2 et B_1 deviendront respectivement : positif B_2 et négatif B_1, et le pôle X deviendra un pôle nord.

C'est bien conforme à ce que nous savons d'une machine à courant continu, dans laquelle le sens de rotation se maintient quand on intervertit à la fois la polarité magnétique des pôles inducteurs, et la polarité électrique des balais, cette dernière opération revenant à inverser le sens du courant dans l'induit, et la première revenant à inverser le sens du courant dans l'inducteur. Ainsi, avant la mise en service de la machine, il faudra s'assurer de la polarité des balais et, au moyen d'un commutateur, inverser au besoin leurs connexions avec le courant continu.

Couplage en parallèle. — Cette pratique est souvent imposée dans les sous-stations de transformation pour traction. Le couplage

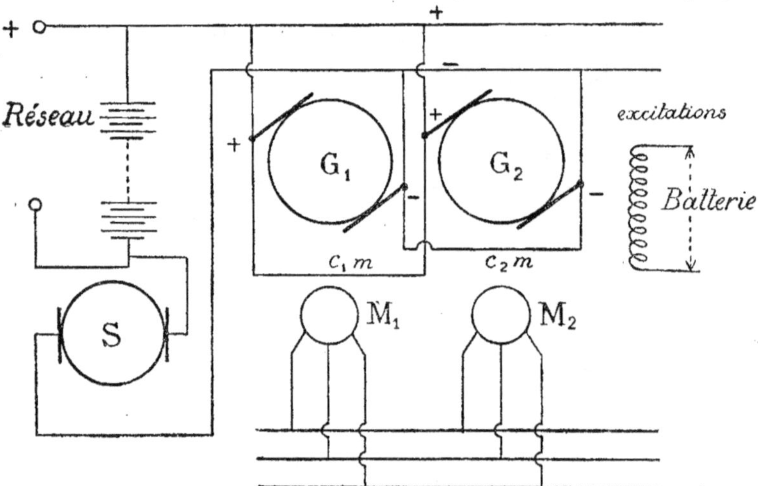

Fig. 44. — Couplage de commutatrices en parallèle.

en parallèle, côté continu, se fait comme pour les génératrices shunt ou compound, dans ce dernier cas, avec un fil d'équilibre gros et court établi entre les induits.

Il y a, comme nous l'avons dit, à craindre des décrochages;

cette éventualité est de beaucoup atténuée par l'emploi de circuits amortisseurs Leblanc ou analogues.

Quelquefois, la ou les commutatrices sont destinées à marcher en parallèle avec une batterie tampon. Dans ce cas, l'excitation shunt des commutatrices est dérivée sur la batterie (fig. 44).

Elle est réglée de manière que U_m et I_m soient en phase pour le courant normal I_c. On survolte, quand la charge augmente, la commutatrice par une dynamo shunt S, entraînée par un moteur alternatif (asynchrone) ou monté sur l'árbre de la commutatrice.

On voit que cette machine shunt S, (si U_G est la tension aux bornes de la commutatrice, U_g la tension supplémentaire due au survolteur,

$$U_B = U_c,$$

la tension aux bornes de la batterie égale celle du réseau, I_G, I_B, I_c, les courants normaux donnés par la commutatrice, la batterie, et distribués au réseau) pourra réaliser le survoltage nécessaire pour empêcher la batterie de se décharger dans les commutatrices, quand, la demande de puissance augmentant, la tension U_c baissera (fig. 45).

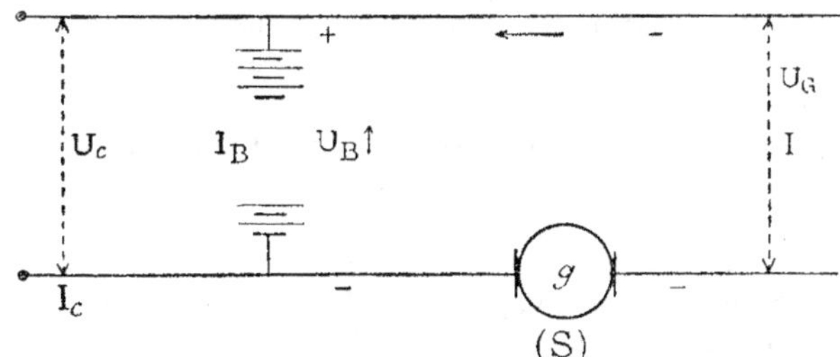

Fig. 45. — Couplage d'une commutatrice en parallèle.

REMARQUE. — **Influence de la fréquence des courants à transformer sur la constitution de la commutatrice.** — Jusqu'à ces dernières années, on admettait que cette fréquence ne devait pas dépasser 25 périodes. Les premières commutatrices à 50 périodes par seconde installées en France sont celles de la sous-station de la Galochère près Grenoble, transformant un courant alternatif haute tension 50 périodes en courant continu de traction 600 v. (1). Cette sous-station est destinée à l'alimentation électrique des trains de la

____

(1) Le courant alternatif haute tension est déjà naturellement abaissé dans des transformateurs statiques.

Compagnie des Voies Ferrées du Dauphiné, lignes de Grenoble-Uriage-Vizille et Grenoble-Domène-Lancey.

Pour démontrer l'influence de la périodicité sur les éléments d'établissement d'une commutatrice, appelons toujours $2p$ le nombre de pôles, N le nombre de tours par seconde, F la périodicité, ν le nombre des lames du collecteur, λ la largeur d'une lame et de son isolant en cm, V la vitesse tangentielle du collecteur, enfin U_c la différence de potentiel aux balais.

Soit δU_c la différence de potentiel entre deux lames adjacentes. On a évidemment :

$$\delta U_c = \frac{2p\,U_c}{\nu}$$

$$N\,\nu\,\lambda = V$$

d'où, en multipliant membre à membre :

$$V\,\delta U_c = 2p\,N\lambda U_c$$

$$V\,\delta U_c = 2\lambda\,FU\,.$$

On sait que, dans les machines à courant continu, δU_c et V ne doivent pas dépasser une certaine valeur, pour éviter des étincelles trop violentes aux balais, et des ruptures mécaniques dues à la force centrifuge.

Soient $\delta U_c{}^0$ et V_0, ces limites; de plus, il faut toujours :

$$\lambda \geqq 6^{mm}$$

pour raison de bonne construction mécanique.

On voit donc que la fréquence admissible dépendra de la différence de potentiel U_c que l'on veut obtenir

$$V_0\,\delta U_c{}^0 \geqq 2\,FU_c\,\lambda$$

Or en admettant :

$$\lambda \text{ voisin de } 6^{mm} \qquad V_0 = 11^{m}/_{sec} \qquad \delta U_c{}^0 = 20^{v}$$

On a la formule approchée et pratique :

$$F \leqq \frac{11.000}{\lambda\,U_c}$$

ce qui nous montre que, pour le courant de tramway 600 volts :

$$F \leqq 30 \text{ périodes}$$

avec $\lambda = 6^{mm}$.

Exception est faite pour les commutatrices à grande vitesse linéaire V pour le collecteur, analogues à celles de Gières (Isère) déjà citées (Société Westinghouse), et celles de même type, caractérisées par les éléments suivants :

Commutatrices Westinghouse (sous-station de La Galochère).

150 kw 850 amp 600^v 50 périodes
750 $^t/_{min}$ 8 pôles inducteurs.

Inducteurs en deux pièces : la partie inférieure, de fonte, venue avec le bâti, noyaux inducteurs en tôle d'acier laminée, avec de grandes cannelures à leurs extrémités, où sont situés des circuits amortisseurs Leblanc.

Inducteurs à deux enroulements, l'une série pour le réglage, l'autre shunt pour la marche normale.

Induit : tambour à rainures. Balais de charbon fortement dimensionnés.

Vitesse périphérique du collecteur 22 m/seconde. Peuvent fournir des surcharges momentanées allant jusqu'à 100 %. Pouvoir de synchronisation élevé. Équilibrage excellent de l'induit.

Réglage de la tension. — On ne peut, comme on sait, la fréquence étant fixée, agir sur la vitesse, (moteur synchrone). On peut, pour modifier U_c, la tension U_m du réseau gardant une valeur invariable, utiliser un transformateur T à rapport de transformation variable, ou, ce qui ne se fait généralement plus, insérer, dans le circuit alternatif de la commutatrice, une bobine de self (fig. 46).

Nous laisserons au lecteur le soin d'étudier graphiquement le problème.

Nous signalons simplement ce fait que l'emploi du maximum du rhéostat de champ de la commutatrice, a pour effet de faire varier le décalage Φ et le courant I_{off} dans la dérivation comprenant la bobine de self et la commutatrice et, par conséquent, le voltage aux bornes de celle-ci.

Or les tensions alternatives U_m aux bornes de la commutatrice, et U_s aux bornes de la bobine de self, ont pour résultante U, tension aux bornes d'alimentation.

On voit donc que, dans ce cas, la manœuvre de R_h, rhéostat d'excitation, pourra produire une variation de U_m, et par suite de U_c.

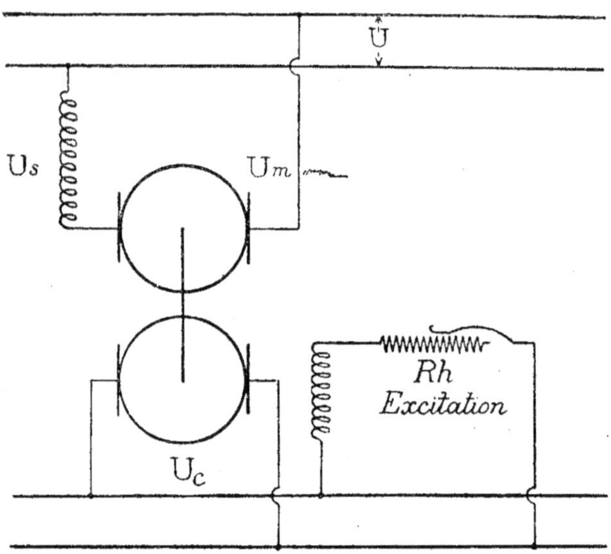

Fig. 46. — Réglage de la tension d'une commutatrice.

Compoundage. — De même, pour ce dernier problème, que nous laisserons au lecteur le soin de traiter graphiquement et algébriquement.

Quand U_c doit rester constant, quel que soit le débit (traction électrique), le réglage de U_s peut être rendu automatique.

En effet, il suffit de faire varier l'excitation i_c continue, proportionnellement au courant débité. Alors i_c, courant d'excitation, peut varier automatiquement. Il diminue en même temps que I_c, courant continu donné par la commutatrice, mais i_c varie (courbe en V de Mordey, moteur synchrone, marche stable) en sens inverse de I_m, courant alternatif absorbé par la commutatrice.

Pour s'en rendre mieux compte, on se reportera avec intérêt à cet égard aux ouvrages d'électricité industrielle traitant des moteurs synchrones. On voit aisément que U_s diminue avec i_c croissant, de même U_m augmente, et aussi U_c.

On pourra même, par l'addition d'un nombre convenable d'(at) série continus, réaliser une commutatrice hypercompound (1).

Quand les variations de tension sont trop considérables, on doit employer un survolteur.

Rendement. — Comme nous l'avons dit, la commutatrice fonctionne comme transformatrice de courant alternatif en courant continu ou comme machine réalisant l'opération inverse. Eu égard aux facilités de réglage du facteur de puissance, le rendement de la transformation, par le premier mode, est toujours beaucoup meilleur. Certains éléments, à la vérité, nous manquent encore pour effectuer ici cette comparaison économique avec fruit. La commutatrice, côté courant continu, fonctionne comme un moteur à vitesse non plus nécessairement constante, mais qui doit être réglée, de manière à sauvegarder le principe de la conservation de la fréquence pour le courant alternatif engendré.

Remarquons cependant qu'en vertu de la liaison étroite existant entre les voltages continus et alternatifs, il ne saurait être construit de commutatrice à haute tension. Il faudra donc toujours interposer un transformateur de tension entre la commutatrice, et le courant alternatif haute tension provenant de la distribution d'énergie.

Mais les rendements cumulés de ce transformateur et de la commutatrice sont toujours excellents et en général très supérieurs à ceux d'un groupe transformateur moteur-générateur, même supposé dépourvu de transformateur abaisseur.

---

(1) Voir notre *Cours Municipal d'Électricité industrielle*, 2ᵉ partie, Courants alternatifs, Geisler, éditeur à Paris.

CHAPITRE IV

Moteurs asynchrones à collecteur.

ÉTUDE DE TROIS NOUVELLES CLASSES DE MOTEURS ASYNCHRONES

MOTEURS A REPULSION

Inconvénients des moteurs asynchrones ordinaires. — L'idée s'est présentée depuis longtemps de faire servir les moteurs utilisés pour le courant continu, (série ou dérivation) dans les divers cas afférents au courant alternatif, et ce avec quelques modifications convenables.

A certains points de vue, cette tendance est très justifiée, bien qu'il ne faille pas voir, dans l'emploi des moteurs à collecteur, une solution destiné à remplacer définitivement les moteurs à cage d'écureuil et les moteurs à rotor bobiné. Le principal avantage de ces moteurs est d'améliorer le $\cos\varphi$ et de le ramener à une valeur voisine de 1 dans certains types, grâce à des artifices consistant à s'adresser à une autre source que le réseau d'alimentation pour produire le courant déwatté nécessaire à l'aimantation des circuits magnétiques.

On peut se demander cependant, si à l'exemple des espérances, très déçues aujourd'hui, qu'avait fait naître la théorie rationnelle de l'emploi du moteur synchrone, [facteur de puissance égal à 1 pour le réseau par la manœuvre de l'excitation], celles fondées sur ces nouveaux moteurs asynchrones ne seront pas, d'ici peu de temps, amoindries.

Quoi qu'il en soit, cette nouvelle classe de moteurs est intéressante parce qu'elle permet la réalisation de certains avantages que ne permettent pas d'obtenir les moteurs à champ tournant. Ces avantages sont souvent considérables en traction, comme nous le concevrons aisément.

Nous étudierons successivement les moteurs à collecteur :

1° Avec induit court-circuité, soit moteurs à répulsion.

2° Avec induit branché sur le réseau (moteurs série, en général, compensés, ou non, ce qui est plus rare).

3° Avec induit pourvu de dispositifs spéciaux (Heyland, Latour, etc...) faisant participer le moteur aux deux classes précédentes.

ÉTUDE DES MOTEURS A RÉPULSION

Généralités. — Dans tout ce qui va suivre, nous nous occuperons des moteurs monophasés.

Le fonctionnement du moteur monophasé du type ordinaire est, comme on le sait, assez délicat.

Il présente, comme le moteur synchrone triphasé, le défaut d'avoir

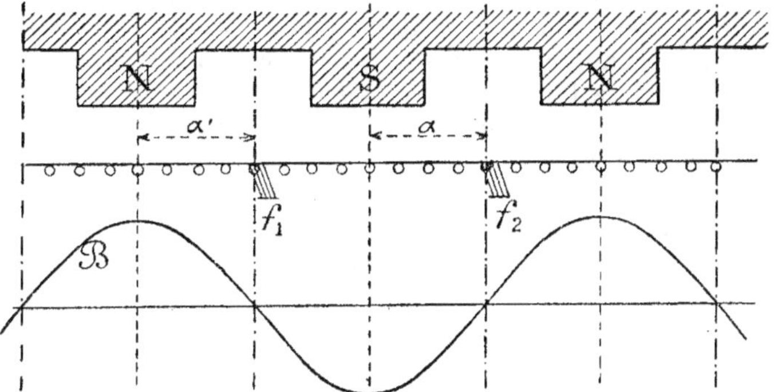

Fig. 47. — Schéma d'un moteur à répulsion (développement).

une vitesse difficilement réglable ou tout au moins susceptible de ne l'être qu'au prix de pertes de puissance excessives dans le rotor et les résistances adjointes. En outre, son couple au démarrage est théoriquement nul (décomposition du champ alternatif de stator en deux champs de même valeur, maxima tournant en sens contraire). Même avec des artifices plus ou moins ingénieux (démarrage en polyphasé avec un enroulement de démarrage qu'on supprime après), le couple de ce moteur est extrêmement faible pour les basses vitesses; il ne peut donc fournir les coups de collier réclamés d'habitude, par exemple, aux moteurs de traction.

On emploie assez fréquemment aujourd'hui, pour parer à ces inconvénients, des moteurs analogues aux moteurs à courant continu, mais avec le feuilletage, poussé le plus loin possible, de l'induit et de l'inducteur.

L'induit est court-circuité sur une ou plusieurs paires de balais, faisant un angle arbitraire et variable avec les axes polaires.

Les pôles du stator sont réels ou fictifs (dans ce dernier cas, de beaucoup le plus fréquent : pôles lisses, ou bobinés).

Le siège de la consommation de puissance empruntée au réseau est l'inducteur.

A un instant déterminé, la valeur de l'induction dans l'entrefer est représentée par une courbe $\mathfrak{B}\,(t)$. Entre les divers balais : $f_1, f_2\ldots$ f_{2p-1}, f_{2p} (le moteur étant supposé multipolaire et monophasé), existent $2p$ branches de $\dfrac{n_2}{2p}$ conducteurs chacune. Nous réserverons la notation n_1 au nombre de conducteurs de l'inducteur stator. La valeur de la f.é.m., induite et récoltée à l'instant considéré, dépend de la position des balais, les angles α', α' jouant comme nous le verrons, un rôle dans la composition de cette f.é.m. (fig. 47).

Supposons pour un instant que l'induction dans l'entrefer soit dûe à un courant continu et non à un courant alternatif. Tel serait le cas d'une machine à courant continu. Alors, dans cette hypothèse quand $\alpha'\,\alpha'$ sont nuls (balais sur les axes polaires), la f.é.m. induite est nulle : quand on a $\alpha' = \dfrac{\pi}{2p}$, la f.é.m. est maxima (balais sur la ligne neutre)

FORCE ÉLECTROMOTRICE DE DÉMARRAGE

On ne saurait, sans précaution, parler ici de la f.é.m. induite dans un conducteur.

En effet, si dans le cas d'un champ inducteur fixe, on peut considérer la f.é.m. développée dans un conducteur en mouvement, comme donnée par :

$$e = \mathfrak{B}\,LV$$

cette expression s'évanouit quand il s'agit de conducteurs considérés comme associés entre eux, de manière

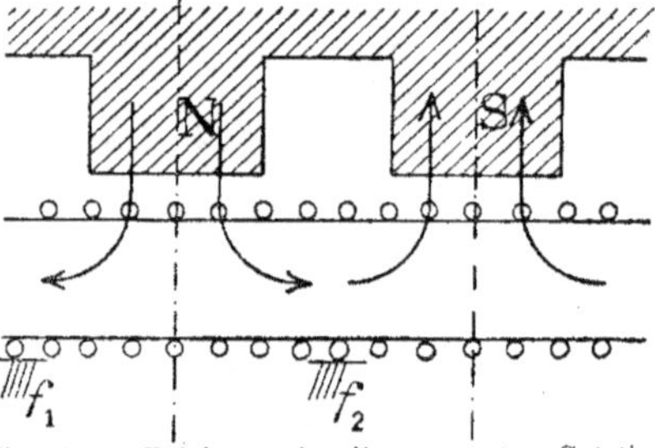

Fig. 48. — Balais sur les lignes neutres. Création d'une f.é.m. maxima dans une machine à excitation fixe (courant continu), nulle dans un transformateur statique à entrefer.

à former des cadres embrassant un flux variable [véritables secondaires de transformateurs].

La f.é.m. engendrée est évidemment fonction du mode d'association de ces conducteurs (fig. 48).

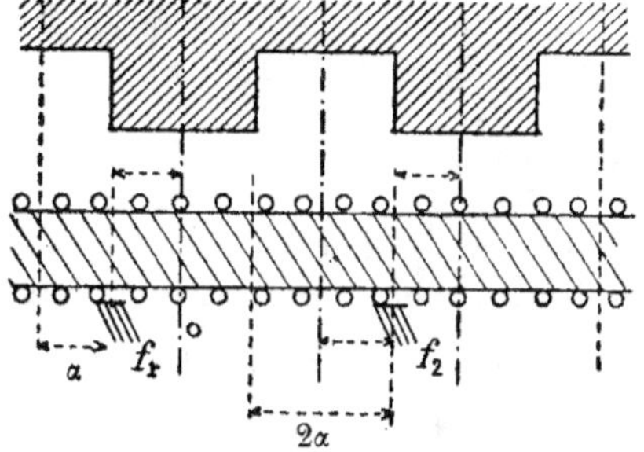

Fig. 49. — Création d'une f.é.m. différente de o dans le transformateur statique à entrefer avec balais calés non sur les lignes neutres.

Si l'on suppose $f_1\,f_2$ sur les lignes neutres et le moteur calé, on peut considérer un flux inducteur alternatif issu des pôles N et S. Les f.é.m. engendrées dans les portions of_1, of_2 sont de signes contraires. La f.é.m. induite résultante entre balais est nulle. Appelons *statique* cette f.é.m.

Pour un même système de pôles inducteurs donnant lieu à un flux continu (machine à rotation), la f.é.m. *dynamique* engendrée serait par contre maxima si les balais étaient calés sur les lignes interpolaires (fig. 48).

Mais, si nous décalons les balais par rapport à N, S, d'un angle $\alpha' = \dfrac{\pi}{2p} - \alpha$, nous aurons des f.é.m. différentes dans les régions of_1 of_2 (fig. 49).

Les régions α sont inertes au point de vue production de f.é.m. dynamiques, car à une région α, d'un côté d'une ligne polaire, correspond une autre région symétrique, et dont l'effet contrebalance celui dû à la première.

Mais dans les portions α existent :

$$\frac{n_2}{2p} \frac{\alpha}{\dfrac{2\pi}{2p}} = \frac{n_2\,\alpha}{2\pi}$$

conducteurs actifs, donc $\dfrac{n_2\,\alpha}{\pi}$ spires dans le cas de l'anneau, parcourues chacune par un flux plus ou moins différent, soit Ψ''_{moy} (flux moyen par rapport à l'espace) circulant dans l'induit à un moment donné. Ce flux Ψ'' est maximum pour la spire occupant la position de l'axe interpolaire. Il est dû au courant sinusoïdal du stator :

$$I_1 = I_{1\max} \cos \Omega t$$

de sorte que, si Φ_p est la valeur instantanée du flux s'échappant d'un pôle, le flux moyen circulant dans l'induit à cet instant est :

$$\Psi_{\text{moy}} = \frac{2}{\pi} \frac{1}{2} \Phi_\rho$$

en supposant sa distribution sinusoïdale dans l'espace (à un instant donné, en effet, dans le circuit magnétique d'une section donnée d'induit à $\dfrac{n_2}{2p}$ conducteurs, il ne circule que la moitié des lignes de force émises par un pôle).

On a donc

$$\Psi'_{\text{moy}} = \frac{1}{2} \Phi_p \frac{2}{\pi} = \frac{2}{\pi} \frac{\Phi_{\max}}{2} \cos \Omega t.$$

Remarque I. — Ce serait un erreur grave que de calculer la f.é.m. développée dans les $\dfrac{n_2 \alpha}{2\pi}$ conducteurs de chaque fraction d'ouverture α, donc dans les $\dfrac{n_2 \alpha}{\pi}$ conducteurs résultant de l'association de ces deux fractions, en admettant que chaque spire d'anneau correspondante est parcourue par le flux moyen pris par rapport à l'espace : Ψ'_{moy}.

En effet, les spires des angles α sont les plus désavantagées au point de vue des flux embrassés.

Si l'on faisait le calcul vicieux en question, qui n'aurait d'exactitude que si α se rapprochait beaucoup de $\dfrac{\pi}{2p}$, on aurait nécessairement :

$$E'_2 = 2 \frac{n_2 \alpha}{2\pi} \Omega \frac{\Phi_{\max}}{2} \frac{2}{\pi} \sin \Omega t.$$

Le courant produit dans la section serait :

$$I'_2 = \frac{2}{\pi} \frac{n_2 \alpha}{\pi} \Omega \frac{\Phi_{\max}}{2} \sin(\Omega t - \varphi_2) \frac{1}{\sqrt{R_2 + \mathcal{L}_2 \Omega^2}}$$

R_2 et $\mathcal{L}_2$ étant la résistance et la réactance du rotor, comptées de balai à balai.

On a en particulier, S et D étant respectivement les section et diamètre du rotor :

$$\mathcal{L}_2 = 4\pi \frac{n_2}{2p} \left[\frac{n_2}{2p} \cdot \frac{2p}{\pi D} \right] S \mu_{moy} 10^{-8}$$

car, il y a :

$$\frac{n_2}{2p} \cdot \frac{2p}{\pi D} = \frac{n_2}{\pi D}$$

spires par unité de longueur, et $\dfrac{n_2}{2p}$ spires pour une section, c'est-à-dire pour une région du rotor comprise entre deux balais.

Donc :

$$\mathcal{L}_2 = 4\pi \frac{n_2}{2p} \cdot \frac{n_2}{\pi D} \cdot S \mu_{moy} 10^{-9}$$

$$\mathcal{L}_2 = \frac{2 n_2^2}{p D} \cdot S \mu_{moy} 10^{-9}$$

et de plus :

$$\operatorname{tg} \varphi = \frac{\mathcal{L}_2 \Omega}{R_2}$$

Court-circuitons les balais; R_2 est alors la résistance du rotor seul (section comprise de balai à balai).

Remarquons que la quantité μ_{moy} qui figure ici représente en somme une double moyenne. C'est la perméabilité dans la spire *médiane*, pour le temps où le flux sinusoidal a sa valeur *moyenne* dans le temps. On a donc pour définition de ce μ_{moy} :

$$\mu_{moy} = \frac{1}{2} \Phi_{max} \left(\frac{2}{\pi} \right)^2 \frac{1}{S}$$

En supposant la variation du flux sinusoïdale à la fois dans l'espace et dans le temps.

Remarque II. — Quelques difficultés pourraient naître relativement au choix de la position des balais correspondant à la production d'une f.é.m., toutes choses égales, nulle, minima ou maxima (axes polaires ou axes interpolaires). Pour lever toute hésitation, on pourra raisonner comme ci-dessous :

A. Au point de vue des inductions (règle des trois doigts) et par une extension de cette règle au cas où le mouvement va se produire) :

Si l'on imagine réalisé un sens de rotation de la machine, de gauche à droite par exemple, les conducteurs ou spires d'anneau compris dans le 1/4 de période NY sont le siège de f.é.m. de sens contraire de celles développées dans le quart de période YS(fig. 50).

On peut associer mentalement deux à deux les conducteurs de la demi-période à ceux de la demi-période voisine, sans rien changer

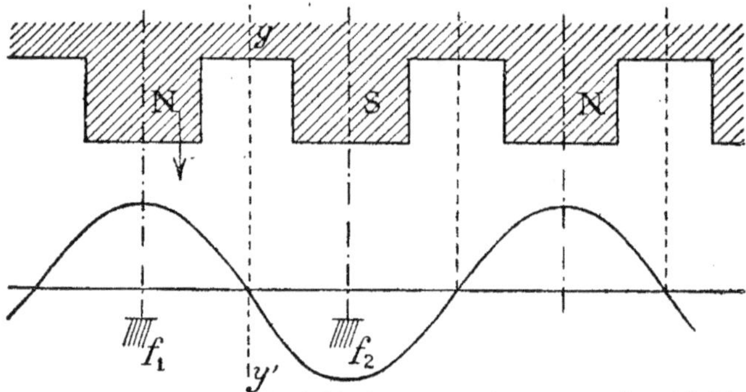

Fig. 50. — Position optima des balais dans un transformateur statique à balais pour la création de f.é.m. induite.

à la f.é.m. totale, de manière à en constituer des cadres (bobines longues). Nous aurons alors une f.é.m. maxima, quand l'axe des bobines ainsi constituées coïncidera avec $y\,y'$.

B. Au point de vue des flux dans l'entrefer, c'est-à-dire développés dans des cadres constitués par des conducteurs pris deux à deux dans chaque quart de période (bobines courtes) :

Le raisonnement déduit du couplage matériellement réalisé dans ce cas sur un tambour se ramène au précédent.

C. Au point de vue des flux passant dans l'induit :

Il est facile de voir que le même flux, ou tout au moins des lignes de force de même sens, passent à chaque instant dans les $\dfrac{n_2}{2p}$ spires d'anneau constituent la section limitée par les balais f_1, f_2.

Conclusion. — Tous ces raisonnements tendent à nous faire admettre que la f.é.m., au secondaire, est nulle quand les balais coïncident avec les axes interpolaires (induit immobile).

Elle est maxima au contraire quand les balais coïncident avec les axes polaires.

Le rotor, alors calé, n'est pas autre chose qu'un secondaire de transformateur statique, dont le rapport de transformation est maximum quand le circuit secondaire embrasse le maximum des lignes de force émises par le primaire.

Cette f.é.m. a été utilisée sous une forme particulièrement heureuse, même pour des moteurs asynchrones ordinaires, notamment dans le cas du transformateur adjoint au moteur Boucherot type β, transformateur à balais, avec production de f.é.m. variable dans l'un des stators, de manière à réaliser un décalage entre le courant excitateur dû à ce stator, et le courant dû à l'autre stator (1).

Rappelons que, dans le type α, des mêmes moteurs Boucherot, ce décalage est obtenu mécaniquement par déplacement d'une demi-période d'un de ces stators par rapport à l'autre.

On remarquera alors, que dans une machine rotative, à excitation constante (courbe d'induction dans l'entrefer immobile) la f.é.m., ou la f.c.é.m., est maxima quand les balais coïncident avec les axes interpolaires. Au contraire, elle est maxima quand, le moteur fonctionnant comme transformateur statique, les balais sont calés sur les axes polaires.

Il est du reste à remarquer que la f.é.m. dans un cas est de la forme :

$$E = \sum \mathfrak{B} L V$$

tandis que dans l'autre, elle est de la forme :

$$E' = \sum S \frac{d\mathfrak{B}}{dt}$$

Les quantités $\mathfrak{B}\, S$ représentant des flux embrassés.

Nous verrons plus loin comment, dans la machine en marche, ces deux termes apparaissent simultanément, avec leur influence propre, dans la constitution de la f.é.m.

Calcul exact de la force électromotrice E_2. — Pour trouver la f.é.m. développée (fig. 49) dans chacune des spires des fractions d'ouver-

---

ture α, d'une section entre balais, nous avons montré qu'on n'avait pas le droit de supposer que chacune de ces spires était parcourue par le flux moyen, pris par rapport à l'espace ; ce serait, nous l'avons dit, inexact, car ces spires sont toujours les plus rapprochées de l'axe interpolaire, donc les plus avantagées au point de vue de la récolte des lignes de force.

Remarquons que le flux Ψ passant, en un point défini par son écart δ avec l'axe interpolaire, est donné par

$$\Psi = \frac{\Phi_p}{2}\cos p\delta$$

$$\Psi = \frac{\Phi_{p\max}}{2}\cos\Omega t \cos p\delta$$

toujours dans l'hypothèse de la répartition sinusoïdale du flux dans le temps et dans l'espace.

Nous avons donc, puisqu'il existe $\dfrac{n_2}{2\pi}$ conducteurs par unité d'angle, un nombre de conducteurs

$$\frac{n_2}{2\pi}\,d\delta$$

pour un angle $d\delta$.

La f.é.m. est donnée par :

$$-\frac{d\Psi}{dt}\cdot\frac{n_2}{2\pi}\,d\delta$$

dans cet intervalle $d\delta$, et pour tout l'angle α, par :

$$E_\alpha = \frac{n_2}{2\pi}\int_0^\alpha -\frac{d\Psi}{dt}\,d\delta$$

ou, comme :

$$-\frac{d\Psi}{dt} = \Omega\,\frac{\Phi_{p\max}}{2}\sin\Omega t\cos p\delta$$

il en résulte :

$$E_\alpha = \frac{n_2}{2\pi}\cdot\frac{\Omega}{p}\cdot\frac{\Phi_{p\max}}{2}\sin\Omega t\,[\sin p\delta]_\alpha^{\alpha+\frac{2\pi}{2p}}$$

c'est-à-dire :

$$E_\alpha = \frac{n_2}{2\pi}\frac{\Omega}{p}\cdot\frac{\Phi_{p\max}}{2}\sin\Omega t\,2\sin p\alpha$$

ou encore :

$$(E_\alpha)_{\text{démarr.}} = \frac{n_2}{2\pi}\frac{\Omega}{p}\,\Phi_{p\max}\sin p\alpha\sin\Omega t \qquad\qquad (A)$$

sauf pour le cas où $\alpha = \dfrac{\pi}{2p}$, cette formule est différente de celle, d'ailleurs vicieuse, que nous avons trouvée plus haut, pour la f.ém. de démarrage, α représentant l'angle des balais et des lignes interpolaires :

$$(\mathrm{E'_2})_{\text{démarr.}} = \frac{n_2 \alpha}{\pi} \, \Omega \, \frac{\Phi_{p\max}}{2} \, \frac{2}{\pi} \sin \Omega t \qquad\qquad (\mathrm{A'}).$$

Pour :

$$p\,\alpha = \frac{\pi}{2}$$

il vient en effet (fig. 47) :

$$\alpha' = 0$$

et

$$(\mathrm{E'_2})_{\text{démarr.}} = \frac{n_2}{2\pi} \, \frac{\Omega}{p} \, \Phi_{p\max} \sin \Omega t.$$

On voit qu'il y a concordance absolue dans ce cas particulier.

Nous conserverons donc l'expression ci-dessous de la f.é.m. de démarrage, nous le répétons, encore, très générale :

$$\mathrm{E}_\alpha = \frac{n_2}{2\pi} \, \frac{\Omega}{p} \, \Phi_{p\max} \sin p\,\alpha \sin \Omega t.$$

Courant de démarrage. — Ce courant est évidemment donné par la formule :

$$\mathcal{I}_\alpha = \frac{n_2}{2\pi} \, \frac{\Omega}{p} \, \Phi_{p\max} \frac{\sin p\,\alpha \, \sin(\Omega t - \varphi_2)}{\sqrt{\mathrm{R_2}^2 + \Omega^2 \, \mathcal{L}_2^2}}$$

φ_2, $\mathrm{R_2}$, $\mathcal{L}_2$ ayant la même signification que précédemment.

On peut remarquer que la réactance $\mathcal{L}_2 \Omega$ étant généralement (au moins au démarrage, car nous allons voir qu'elle diminue en marche normale) forte par rapport à la résistance, et étant donné que $\mathcal{I}_\alpha$ peut s'écrire, puisque

$$\cos\left(\frac{\pi}{2} - \Omega t\right) = \sin \Omega t = \cos\left(\Omega t - \frac{\pi}{2}\right)$$

$$\mathcal{I}_\alpha = \frac{n_2}{2\pi} \, \frac{\Omega}{p} \, \Phi_{p\max} \frac{\sin p\,\alpha \, \cos\left(\Omega t - \dfrac{\pi}{2} - \varphi_2\right)}{\sqrt{\mathrm{R_2}^2 + \mathcal{L}_2^2 \, \Omega^2}}$$

de même que :

$$\mathrm{E'}_\alpha = \frac{n_2}{2\pi} \, \frac{\Omega}{p} \, \Phi_{p\max} \sin p\,\alpha \cos\left[\Omega t - \frac{\pi}{2}\right].$$

Il en résulte que $\mathfrak{I}_\alpha$ est presque en opposition (ou en valeur absolue, en concordance de phase), avec l'induction dans l'entrefer :

$$\mathfrak{B} = \mathfrak{B}_0 \cos \Omega t$$

génératrice de la f.é.m. d'induction statique, elle-même en phase avec le flux générateur $\Phi = \Phi_{max} \cos \Omega t$. La condition que φ_2 soit le plus voisin possible de $\frac{\pi}{2}$, est donc ici éminemment favorable.

COUPLE DE DÉMARRAGE

Base du calcul du couple de démarrage. — Le couple a pour valeur, sur un conducteur Γ défini par son abcisse $\mathfrak{d}$, prise par rapport à un axe interpolaire :

$$C_\Gamma = \mathfrak{B}_{max} \sin p\,\mathfrak{d} \cos \Omega t \, \frac{LD}{2} \mathfrak{I}_\alpha$$

Si l'induction :

$$\mathfrak{B}_{max} \sin p\,\mathfrak{d} \cos \Omega t$$

varie sinusoïdalement, non seulement dans le temps, mais aussi dans l'espace.

Dans le cas où cette induction est, dans l'entrefer, ou constante sur un palier, ou constituée par une série de paliers, en appelant a le coefficient de réduction de bobinage, dans cette hypothèse, coefficient tenant compte de ces paliers, on aura, en évaluant $\Phi_{p\,max}$ en fonction de $\mathfrak{B}'_{moy}$, valeur moyenne de l'induction dans le pôle à l'instant où le flux du stator est maximum :

$$\Phi_{p\,max} = \mathfrak{B}'_{moy} \frac{\pi DL}{2p}$$

$\Phi_{p\,max} =$ flux maximum, dans le temps, émis par un pôle, avec :

$$\mathfrak{B}'_{moy} = \mathfrak{B}'_{max} \times a \times \frac{2}{\pi}$$

En appelant $\mathfrak{B}'_{max}$ la valeur maxima (ordonnée maxima figurative) de l'induction dans les pôles au moment précis où le flux du stator est maximum ($t = 0$). A l'instant t, les inductions dans les pôles seront réduites dans les rapports $\cos \Omega t$.

Si l'induction est sinusoïdale dans l'espace (cas particulier) on aura

$$\Phi_{p\,max} = \mathfrak{B}_{moy} \frac{\pi DL}{2p} = \frac{2}{\pi} \mathfrak{B}_{max} \frac{\pi DL}{2p}$$

$$\Phi_{p\,\max} = \frac{DL}{p}\,\mathcal{B}_{\max}.$$

Valeur du couple. — Restreignons-nous au cas de l'induction répartie sinusoïdalement dans l'entrefer, cas fréquemment réalisé. Nous aurons ainsi, en rappelant la valeur de $\mathcal{J}_\alpha$ et en posant, pour simplifier :

$$Z_2 = \sqrt{R_2^2 + \mathcal{L}_2^2\,\Omega^2}$$

impédance de la section considérée du rotor :

$$\mathcal{J}_\alpha = \frac{1}{Z_2}\,\frac{n_2}{2\pi}\,\frac{\Omega}{p}\,\Phi_{p\max}\,\sin p\,\alpha\,\cos\left[\Omega t - \frac{\pi}{2} - \varphi_2\right].$$

D'où l'expression du couple, sur le conducteur Γ d'abscisse δ :

$$C_\Gamma = \frac{p\,\Phi_{p\max}}{DL}\,\cos\Omega t\,\sin p\,\delta\,\frac{n_2}{2\pi}\,\frac{\Omega}{p}\,\Phi_{p\max}\,\sin p\,\alpha\,\cos\left[\Omega t - \frac{\pi}{2} - \varphi_2\right]\frac{DL}{2Z_2}$$

$$C_\Gamma = \left(\frac{n_2}{2\pi}\right)\frac{\Phi_{p\max}^2}{2Z_2}\Omega\,\sin p\,\alpha\,\cos\left[\Omega t - \frac{\pi}{2} - \varphi_2\right]\cos\Omega t\,\sin p\,\delta$$

ce qui peut encore s'écrire, si l'on somme tous les couples correspondant à un écart angulaire

$$\alpha - \left(\alpha + \frac{2\pi}{2p}\right)$$

$$\Sigma\,C_\Gamma = \left(\frac{n_2}{2\pi}\right)^2\frac{\Phi_{p\max}^2\,\Omega}{2Z_2}\,\sin p\,\alpha\,\cos\Omega t\,\cos\left(\Omega t - \frac{\pi}{2} - \varphi_2\right)\left[\cos p\,\delta\right]_\alpha^{\alpha + \frac{2\pi}{2p}}$$

c'est-à-dire :

$$C_T = \left[\frac{n_2}{2\pi}\right]^2\frac{\Phi_{p\max}^2\,\Omega}{2Z_{2p}}\,2\cos p\,\alpha\,\sin p\,\alpha\,\cos\left[\Omega t - \frac{\pi}{2} - \varphi_2\right]\cos\Omega t$$

ou enfin :

$$C_T = \left(\frac{n_2}{2\pi}\right)^2\frac{\Phi_{p\max}^2}{2Z_{2p}}\,\Omega\sin 2p\,\alpha\,\left[-\cos^2\Omega t\,\sin\varphi_2 + \cos\Omega t\,\sin\Omega t\,\cos\varphi_2\right].$$

Le couple moyen a pour valeur :

$$C_{T\,\text{moy}} = \left(\frac{n_2}{2\pi}\right)^2\frac{\Phi_{p\max}^2}{4Z_{2p}}\,\Omega\sin 2p\,\alpha\,\sin\varphi_2.$$

On peut encore écrire le couple total de la manière suivante, en remarquant qu'il est constitué par $2\,p$ couples identiques :

$$[C_{\text{T moy}}]_{\text{machine}} = \left(\frac{n_2}{2\pi}\right)^2 \frac{\Phi_{p\max}}{2\,Z_2} \,\Omega \sin 2\,p\,\alpha \sin \varphi_2$$

$$[C_{\text{T moy}}]_{\text{machine}} = \Omega\, n_2{}^2 \frac{\Phi_{p\max}^2}{8\,\pi^2 Z_2} \sin 2\,p\,\alpha \sin \varphi_2.$$

Nous aurons ainsi un couple qui s'annule, comme on le voit avec α et aussi pour $2\,p\,\alpha = \pi$, condition facile à concevoir car il n'y a plus, dans ce cas encore, de f.é.m. de démarrage. C'est d'ailleurs bien évident, car si le transformateur statique constitué par le système est dans la position du flux optimum, il y a équilibre stable (maximum du rapport de transformation) et tendance au maintien en repos du circuit secondaire par rapport au primaire.

Au point de vue des valeurs instantanées des couples, on peut écrire :

$$\Sigma\, C_r = 2\, \frac{n_2^2}{4\pi^2}\, \Omega\, \frac{\Phi_{p\max}^2}{2\,Z_2} \sin 2\,p\,\alpha \left[-\cos^2\Omega t \,\sin\varphi_2 + \cos\Omega t \sin\Omega t \cos\varphi_2 \right].$$

On voit que, à côté du couple moyen, que nous venons de calculer, nous pouvons en considérer deux autres, de pulsation $2\,\Omega$, et de valeur respective

$$\Gamma' = 2 \left(\frac{n_2}{2\pi}\right)^2 \frac{\Phi_{p\max}^2}{2\,Z_2} \,\Omega \sin 2\,p\,\alpha\, \frac{(1 + \cos 2\,\Omega t)\sin\varphi_2}{2}$$

$$\Gamma'' = 2 \left(\frac{n_2}{\pi\,\pi}\right)^2 \frac{\Phi_{p\max}^2}{2\,Z_2} \,\Omega \sin 2\,p\,\alpha\, \frac{1}{2} \sin 2\,\Omega t \cos\varphi_2.$$

Ces deux couples constituent le couple résultant :

$$\Gamma = \left(\frac{n_2}{2\pi}\right)^2 \frac{\Phi_{p\max}^2}{2\,Z_2} \,\Omega \sin 2\,p\,\alpha \left[-\sin\varphi_2 + \sin(2\,\Omega t - \varphi_2) \right]$$

$$\Gamma = \left(\frac{n_2}{2\pi}\right)^2 \frac{\Phi_{p\max}^2}{2\,Z_2} \,\Omega \sin_2 p\,\alpha \left[-\sin\varphi_2 + \cos\left(\frac{\pi}{2} - 2\,\Omega t + \varphi_2\right) \right]$$

$$\Gamma = \frac{n_2{}^2}{4\pi^2} \cdot \frac{\Phi_{p\max}^2}{2\,Z_2} \,\Omega \sin 2\,p\,\alpha \left[-\sin\varphi_2 + \cos\left(2\,\Omega t - \frac{\pi}{2} - \varphi_2\right) \right]$$

Un graphique très simple peut donner une représentation de ces deux couples ; on voit que le couple effectif est d'autant meilleur que son décalage de rotor φ_2 est plus grand, c'est-à-dire que la réactance du rotor est relativement plus considérable.

On peut, en remarquant que $\sin \varphi_2$ a pour valeur :

$$\sin \varphi_2 = \frac{\mathcal{L}_2 \Omega}{\sqrt{R_2^2 + \mathcal{L}_2^2 \Omega^2}}$$

mettre le couple sous une forme tout à fait, comparable à celle utilisée pour le moteur asynchrone à champ tournant, savoir :

$$\Gamma = \frac{n_2^2}{4 \pi^2} \frac{\Phi_{p\max}^2 \mathcal{L}_2 \Omega}{2 (R_2^2 + \mathcal{L}_2^2 \Omega^2)} \Omega \sin 2p\alpha$$

ou

$$\Gamma = \frac{n_2^2}{\pi^2} \Omega \sin 2p\alpha \frac{\Phi_{p\max}^2 \mathcal{L}_2 \Omega}{8 (R_2^2 + \mathcal{L}_2^2 \Omega^2)} \quad (1).$$

Remarques.

REMARQUE I. — **Sur le mode de représentation de** Ψ, de Φ_p et de $\mathcal{B}$. — On peut remarquer que les expressions de $\mathcal{B}$ (induction dans l'entrefer) et de Ψ (flux embrassé par une spire), sont en quadrature dans l'espace : c'est absolument évident. Par conséquent, si nous supposons l'excitation réalisée par un courant continu, et si, pour simplifier, dans le mouvement d'une spire d'anneau, nous prenons, comme repère, le conducteur périphérique de cette spire, la f.é.m. développée dans celui-là sera :

$$e = \mathcal{B}LV = LV\mathcal{B}_0 \sin p\delta$$

avec

$$\delta = 0$$

---

(1) On constate que cette formule diffère de celle bien connue du couple du moteur asynchrone :

$$C_m = \frac{\gamma \Omega p \, \Phi_{p\max}^2 \, n_2 \, r_2}{8 \, [r_2^2 + \gamma^2 \Omega^2 \lambda_2^2]}$$

par quelques éléments. Le glissement γ y a disparu et pour cause (il est du reste égal à 1 au démarrage dans un moteur asynchrone); l'angle de calage α des balais par rapport aux axes interpolaires s'y introduit. On envisage, au lieu des constantes $r_2 \, \lambda_2$ relatives à une barre du rotor, les coefficients relatifs à la section $(R_2, \mathcal{L}_2 \, \Omega)$ du rotor considéré; n_2 intervient enfin au carré dans le cas du moteur à répulsion, car la f.é.m. d'induction dans le rotor, f.é.m. génératrice du courant qui, avec le champ du stator, va constituer un couple, est proportionnelle à ce nombre n_2 de conducteurs du rotor.

Quant au signe —, figurant dans le couple moyen, devant $\sin \varphi_2$, il doit être interprété ainsi : le couple moteur étant essentiellement positif, l'angle α doit être compté non à droite, mais à gauche de l'axe interpolaire le plus voisin. Dans ces conditions, si — α représente le nouvel angle compté à gauche de l'axe interpolaire, le couple moyen prend la valeur, essentiellement positive, indispensable.

pour la position de ce conducteur correspondant à la coïncidence avec l'axe interpolaire (fig. 51).

La f.é.m. développée dans la spire sera de même :

$$\frac{d\,\Psi}{dt} = -\frac{d}{dt}\left[\frac{\Phi_{pmax}}{2}\cos p\,\delta\right]$$

$$= p\,\omega'\,\frac{\Phi_{pmax}}{2}\sin p\,\delta$$

c'est-à-dire sera représentée par une expression identique à la précédente.

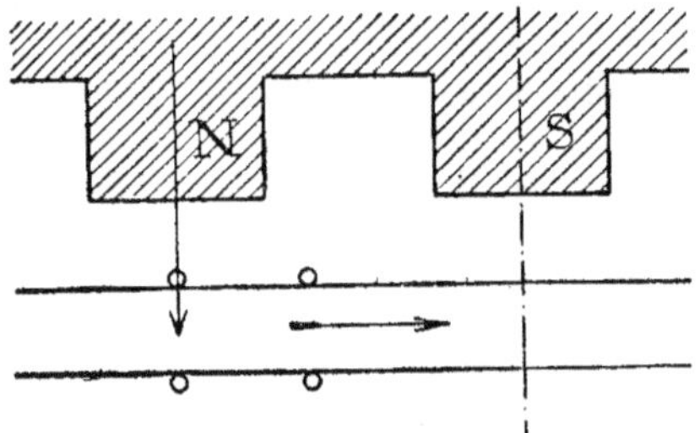

Fig. 51. — Constitution du flux traversant une spire d'anneau
dans une machine à courant continu.

On voit donc que, bien que les expressions de $\mathfrak{B}$ et de Ψ soient en quadrature dans l'espace, on a pour e, f.é.m. développée dans la spire d'anneau (ou dans le conducteur périphérique), une même expression.

Remarque II. — On voit de même que le couple de démarrage est d'autant meilleur que le décalage dans le rotor est plus grand. C'est ce qui explique l'excellence des moteurs en anneau à ce point de vue.

Remarque III. — On peut adopter également dans ce cas, la deuxième conception qui peut servir, dans maints autres problèmes analogues, d'un flux résultant dans le primaire et le secondaire à la fois (fig. 52 et 53).

Nous sommes, en effet, dans le cas d'un véritable moteur asynchrone monophasé à enroulement secondaire spécial.

La self-induction secondaire complète $\mathcal{L}_2$ donne naissance à un flux qui se déduit géométriquement du primaire, de manière à donner un flux résultant Φ_r.

Il est facile de voir, comme dans le cas des moteurs asynchrones sans collecteur, que le couple au démarrage sera d'autant plus grand que l'entrefer et la résistance du rotor seront plus faibles pour une même impédance, et que la phase du courant induit (dans une section comprise de balai à balai) sera plus voisine de 180° par rapport à celle du primaire, (ce qui concorde avec les conclusions de la Remarque II.

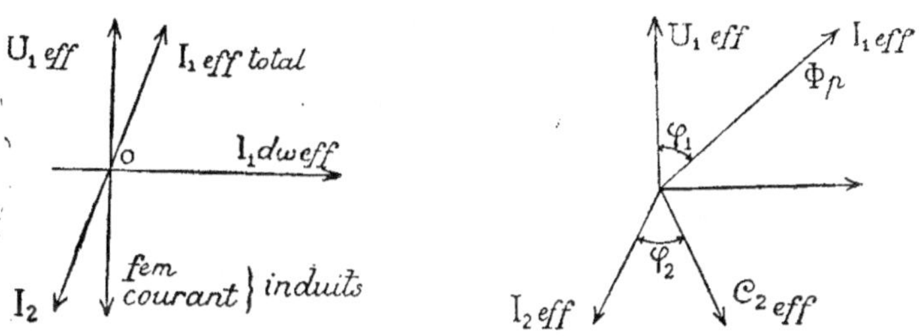

Fig. 52. — Première conception.
Fig. 53. — Deuxième conception.

Création d'un courant secondaire de rotor considéré comme dû soit à une f.é.m. d'induction dérivant du flux primaire (fig. 53), soit à une f.é.m. d'induction dérivant du flux résultant (fig. 52).

Ce qui est particulièrement intéressant dans ces moteurs, c'est que les f.é.m. de démarrage, (et celle de marche, comme nous le verrons plus tard), sont de même pulsation Ω que le flux excitateur. C'est là une différence essentielle avec le moteur asynchrone ordinaire.

REMARQUE IV. — **Réaction d'induit au démarrage.** — L'induit a donc des pôles aux balais, comme dans le cas des dynamos, et comme aussi dans le cas de la machine série fonctionnant en courant alternatif.

On peut donner la représentation ci-dessous ($\mathfrak{B}_a$ et $\mathfrak{B}_i$ étant supposées sinusoïdales), des inductions dans l'entrefer.

Les valeurs maxima de $\mathfrak{B}_i$ et $\mathfrak{B}_a$ sont proportionnelles à $n_1\, I_{1\,\text{eff}}$ (at primaires) et à $n_2\, I_{2\,\text{eff}}$ (at secondaires), qu'il est facile de calculer d'après la forme de I_2 donnée plus haut.

Remarquons simplement que $\mathfrak{B}_i$ et $\mathfrak{B}_a$, qui ont leurs maxima dans l'espace décalés de :

$$\frac{2\,\pi}{4\,p} - \alpha$$

o nt aussi leurs maxima décalés dans le temps (fig. 54 et 55) de :

$$\varphi_2 + \frac{\pi}{2p}$$

ce qu'on peut représenter en utilisant la conception de deux cham p

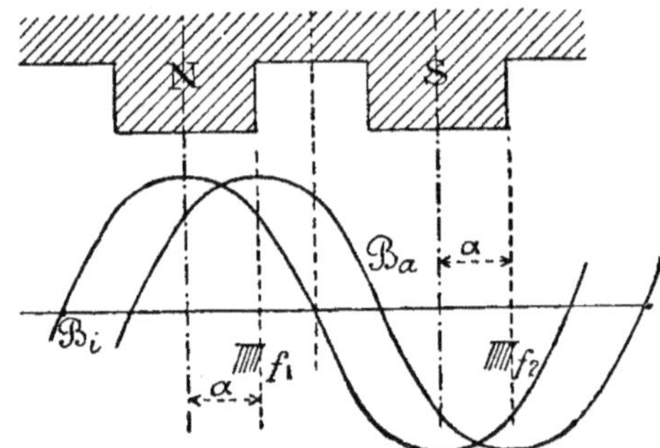

Fig. 54. — Composition des champs propres dus à l'inducteur et à l'induit
dans un moteur à répulsion.

tournants (voir plus loin moteur série fonctionnant en courant
alternatif).

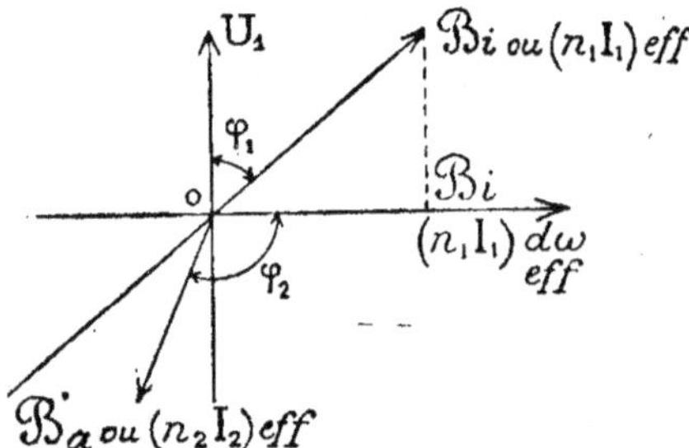

Fig. 55. — Composition en un point des champs dus aux pôles inducteurs propres
et aux pôles d'induit propres (Moteur à répulsion).

Nous aurons, comme champ total celui dû aux (*at*) résultants :

$$n_1 I_1 \cos\Omega t + n_2 I_2 \sin(\Omega t - \varphi_2) = n_1 I_1^0 \, dw$$

β_i est dû à l'inducteur seul :

$$\beta_i = \mathcal{B}_i \cos\Omega t$$

β_a est dû à l'induit seul :

$$\beta_a = \mathcal{B}_a \, \cos\left(\Omega t - \varphi_2 - \frac{\pi}{2}\right) = \mathcal{B}_a \, \sin\left(\Omega t - \varphi_2\right).$$

$\mathcal{B}_i$ et $\mathcal{B}_a$ représentant les valeurs maxima par rapport au temps, prises en chaque point, de ces deux inductions.

REMARQUE V. — Dans les théories précédentes, on a imaginé un flux Φ_p émanant d'un pôle, incurvant ses lignes de force pour pénétrer dans l'induit, et enfin, revenant au pôle de nom contraire du stator.

Nous avons jusqu'ici très peu fait usage de cette théorie, bien

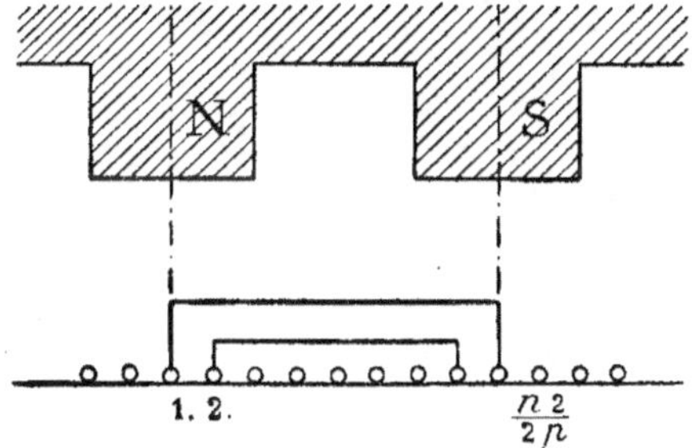

Fig. 56. — Premier mode fictif de constitution des cadres dans un moteur asynchrone à collecteur.

moins commode, et moins contrôlable au point de vue de l'exactitude, que celle de l'induction dans l'entrefer. On sait que cette répartition sinusoïdale peut être réalisée expérimentalement.

La raison qui nous a fait provisoirement abandonner cette conception de l'induction dans l'entrefer est l'impossibilité de l'usage, au repos, de la formule :

$$E = \mathcal{B} \, LV$$

On peut cependant tourner la difficulté de la façon suivante :

On ne change rien à la f.é.m. développée entre balais, en associant deux à deux les conducteurs, en cadres constitués de la façon suivante :

1er cadre :

$$1 - \frac{n_2}{2p}$$

2° cadre :

$$2 - \left[\frac{n_2}{2p} - 1\right], \text{ etc...}$$

On voit aisément que les f.é.m. dans les conducteurs pris deux à deux, considérées comme dues au déplacement dans le champ $\mathcal{B}$, sont pour chaque composante du cadre, égales et de signe contraire.

On peut, au contraire, remarquer que les flux embrassés par les

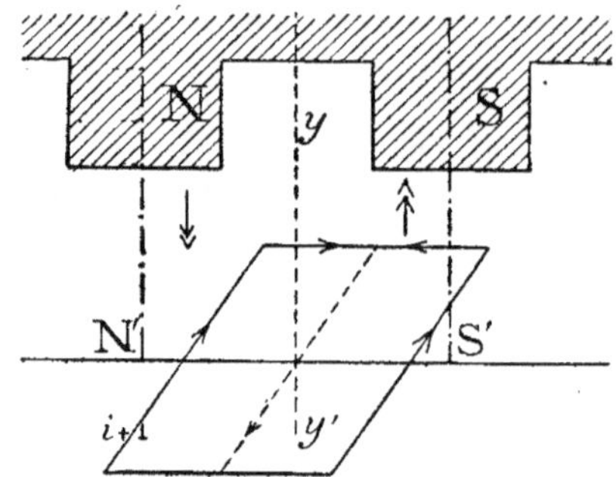

Fig. 57. — Second mode fictif de constitution des cadres dans un moteur asynchrone à collecteur.

cadres considérés comme limités d'une part par le conducteur $(i + 1)$ et d'autre part, par le conducteur : $\left[\frac{n_2}{2p} - i\right]$, et par des axes interpolaires $y\,y'$ (fig. 57), donnent naissance dans ces cadres, ou, ce qui revient au même, dans les conducteurs :

$$i + 1 \quad \text{et} \quad \frac{n_2}{2p} - i$$

à des f.é.m. induites.

Toutes ces f.é.m. de conducteurs actifs ou périphériques seront de même sens.

Si les balais sont décalés d'un angle donné par rapport aux axes polaires, une partie des cadres (ceux compris par exemple de part et d'autre de SS') seront inertes au point de vue de la production de f.é.m.

On aurait pu, toujours dans le cas du rotor fixe (secondaire de transformateur), effectuer une autre décomposition, c'est-à-dire associer les conducteurs de la façon suivante :

$$1 - \frac{n_2}{4p} \qquad 2 - \left[\frac{n_2}{4p} + 1\right] \ldots . \text{ etc.}$$

Au repos, si les balais sont calés sur les axes polaires, on a le maximum d'effet inductif; quand on les décale d'un angle α', la f.é.m. est réduite dans le rapport $\cos p\,\alpha'$.

Supposons que l'induction soit représentée par un seul palier, dans un espace donné. Alors

$$\begin{cases} \mathcal{B}_{moy} = \mathcal{B}_{max} \\ \beta_{moy} = \beta_{max} \end{cases}$$

On verra que le premier cadre reçoit un nombre de lignes de force donné par

$$\frac{\beta_{max}}{2} \frac{\pi DL}{2p}.$$

Le second, le flux :

$$\frac{\beta_{max}}{2} \frac{\pi DL}{2p} \left[1 - \frac{2.\dfrac{2\pi}{n_2}}{\dfrac{2\pi}{4p}} \right]$$

car il part en moins : $\dfrac{\beta_{max}}{2} \dfrac{2\pi}{n_2}$ D L lignes de force du pôle N remplacées par $\dfrac{\beta_{max}}{2} \dfrac{2\pi}{n_2}$ D L lignes de force émanées de l'autre pôle en sens contraire (entrant par la face interne du cadre), d'où la disparition d'une fraction :

$$1 - \frac{2\dfrac{2\pi}{n_2}}{\dfrac{2\pi}{4p}} = 1 - \frac{8p}{n_2}$$

du flux, et ainsi de suite pour les autres cadres, qui perdent :

$$\left[1 - 2.\frac{8p}{n_2}\right], \left[1 - 3\frac{8p}{n_2}\right] \ldots$$

fractions du flux qui les parcourt.

Ce mode de constitution des cadres fictifs variera à chaque instant dans le cas du moteur en mouvement, mais il donnera lieu à la production des mêmes f.é.m. entre balais (au moins en ce qui concerne les composantes statiques de ces f é.m. c'est-à-dire dues aux variations de $\mathfrak{B}$) que la constitution réelle du moteur.

Au repos, si f_1, f_2 coïncident avec a, b, axes interpolaires, aucune f.é.m. engendrée, position du flux maximum embrassé.

Soit un décalage α entre $f_1 f_2$ et $a\,b$; on a par conséquent :

$$2\,\frac{n_2}{4p}\frac{\alpha}{\dfrac{2\pi}{2p}} = \frac{n_2\alpha}{2\pi}$$

cadres embrassant chacun un flux composé de deux parties (on supposera pour simplifier l'induction dans l'entrefer représentée par des paliers successifs).

Nous pouvons encore imaginer chacun des cadres chevauchant ainsi sur deux champs, comme constitué par deux cadres partiels accolés ayant pour conducteurs principaux, soit m, n, p, soit m', n', p', et comme conducteur adjacent, la ligne $b\,b'$ $y\,y'$ de séparation des champs. Dans les conducteurs $m\,n\,p$ d'une part, $m'\,n'\,p'$ d'autre part, le sens des f.é.m. sera le même. Ces f.é.m. s'ajouteront au point de vue physique. L'induction étant nulle en $y\,y$, tout se passera de la même façon, que $b\,b$ soit un conducteur réel, ou une direction immatérielle (fig. 58).

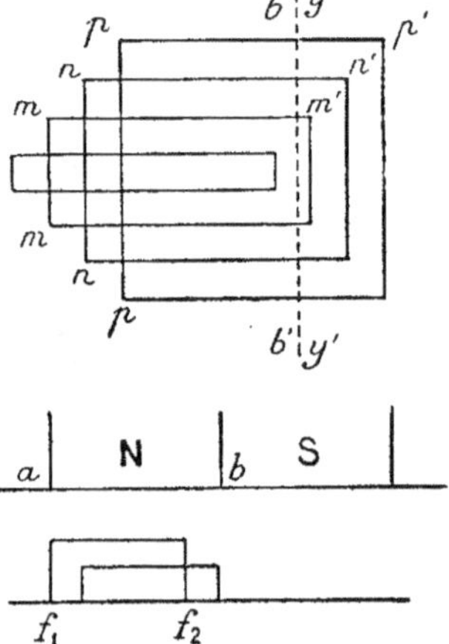

Fig. 58. — Constitution fictive de cadres embrassant le flux d'entrefer dans un moteur asynchrone à collecteur.

On pourra donc supposer concentrée dans les conducteurs m et m', n et n', p et p' la production de f.é.m. de la forme :

$$e_m + e'_{m'} = -\frac{d\Phi}{dt} = -\left[\frac{d\Phi\,(my)}{dt} + \frac{d\Phi\,(m'y)}{dt}\right]$$

$\Phi\,(m\,y)$ et $\Phi\,(m'\,y)$ étant les flux coupés par les cadres fictifs : $(m\,y)$, $(m'\,y)$.

Nous aurons donc enfin :

$$e_m + e'_{m'} = \Omega\,\Phi^{mm'}_{\max}\sin\Omega\,t$$

Si Φ_{max} est la valeur maxima du flux, dans le temps, passant dans un cadre fictif constitué par deux conducteurs tels que $(m\,m')$.

Du reste, on a :

$$\Phi_{max}^{mm'} \cos\Omega t = \Phi_{mm'}$$

Or,

$$\Phi_{max}^{mm'} = \frac{1}{2}\,\Phi_{p\mathrm{max}} \text{ (au temps 0)}$$

$\Phi_{p\mathrm{max}}$ étant le flux qui s'échappe d'un pôle. Il en résulte :

$$e_m + e'_{m'} = \frac{1}{2}\,\Omega\Phi_{p\mathrm{max}} \sin\Omega t.$$

Nous avons $\dfrac{n_2\,\alpha}{4\,\pi}$ cadres actifs à ce point de vue, par pôle, donc le double par champ ou pour une période, avec

$$p\beta = \frac{\pi}{2} - p\alpha$$

D'où la f.é.m. totale :

$$E'_2 = \frac{n_2\alpha}{2\pi}\,\Omega\,\frac{\Phi_{p\mathrm{max}}}{2}\,\sin\Omega t$$

qui coïncide avec l'expression de la f.é.m. trouvée par notre pre‑ mière méthode, formule A′ (page 82), quand on substitue à la forme sinusoïdale de l'induction dans l'entrefer, celle d'une induction uni‑ forme (dans l'espace).

L'expression trouvée alors (induction sinusoïdale), qui était, rappelons‑le :

$$E_2 = \frac{n_2\alpha}{2\pi}\,\Omega\,\frac{\Phi_{p\mathrm{max}}}{2}\,\frac{\pi}{2}\,\sin\Omega t$$

doit être multipliée par :

$$\frac{\pi}{2} = \frac{\mathfrak{B}_{max}}{\mathfrak{B}_{moy}}$$

Nous retombons sur l'expression de E'_2.

La conception de l'induction sinusoïdale dans l'entrefer nous aurait amenés de même à la formule (A) donnant E_2 (page 82).

CHAPITRE V

Moteurs asynchrones à collecteur.

(*Suite.*)

MOTEURS A RÉPULSION

CALCUL DE LA FORCE ÉLECTROMOTRICE DÉVELOPPÉE ENTRE BALAIS QUAND LE MOTEUR EST EN MARCHE

Rappel. — Nous venons de calculer cette f.é.m. quand le moteur est au repos. Nous avons montré que cette f.é.m. est maxima quand les balais sont calés sur les axes polaires, nulle quand ils le sont sur les axes interpolaires.

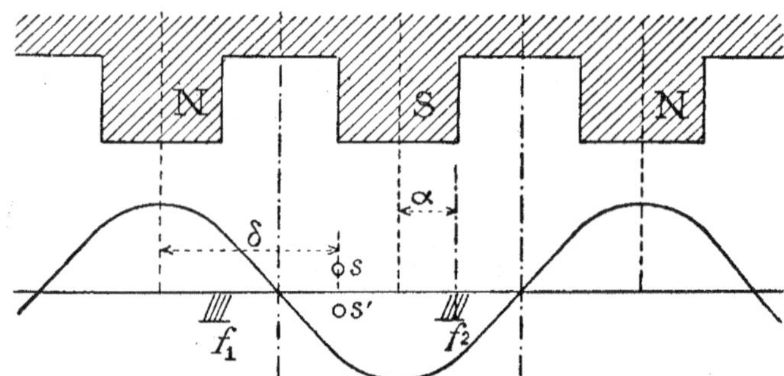

Fig. 59. — Développement d'un moteur à répulsion. Position des balais.

La f.é.m. ainsi développée, quand l'induction dans l'entrefer est supposée sinusoïdale, a pour valeur (formule A) :

$$E_\alpha = \frac{n_2 \Omega}{p \pi} \frac{\Phi_{p\max}}{2} \sin \Omega t \cos p \alpha'$$

Appelons toujours conformément à nos notations habituelles, α l'angle d'écart des balais avec les axes interpolaires, α' l'angle d'écart de ces balais par rapport aux axes polaires, et représentons, en prenant pour origine des angles un axe polaire, par

$$\beta = \beta_{max} \cos p\,\delta$$

la distribution, supposée sinusoïdale, de l'induction dans l'entrefer

β = valeur instantanée de l'induction en un point.

β_{max} = valeur instantanée de cette induction sur l'axe polaire.

Une spire $s\,s'$ embrasse le flux :

$$\Psi = \frac{\Phi_{\rho max}}{2} \cos \Omega\,t \sin p\,\delta'$$

si δ' est son abcisse par rapport à l'axe polaire de N (flux embrassé nul sur un axe polaire).

Le flux embrassé est donc en quadrature, au moins au point de vue de la représentation algébrique en fonction des espaces, avec l'induction β dans l'entrefer.

La f.é.m. développée à l'intérieur d'une spire, sera donc donnée par :

$$-\frac{d\Psi}{dt} = -\frac{\Phi_{\rho max}}{2}\left[-\Omega \sin\Omega\,t \sin p\,\delta' + p\,\omega' \cos\Omega\,t \cos p\,\delta'.\right]$$

Rappelons que, en ce qui concerne la f.é.m. statique (démarrage), des conducteurs répartis sur un espace polaire, une portion

$$\frac{n_2}{2p} \frac{\alpha}{\dfrac{2\pi}{2p}}$$

est seule utile, car les f.é.m. développées dans les régions α', α' (d'un balai à un axe polaire) se neutralisent.

Nous aurons donc, pour somme des f.é.m. développées dans la section entre balais, la résultante des composantes pour chaque spire :

$$-\Sigma \frac{d\Psi}{dt} = \Sigma e' + \Sigma e''.$$

Or :

$$\Sigma e' = E_\alpha$$

f.é.m. de démarrage, car :

$$\Sigma e' = \frac{n_2 \Omega}{p\pi} \frac{\Phi_{p\max}}{2} \sin \Omega t \cos p\alpha' = \frac{n_2 \Omega}{p\pi} . \frac{\Phi_{p\max}}{2} \sin \Omega t \sin p\alpha.$$

Quant à la somme :

$$\Sigma e'' = \frac{\Phi_{p\max}}{2} \Sigma p\omega' \cos \Omega t \cos p\delta$$

étendue de α' à $\alpha' + \dfrac{2\pi}{2p}$, nous aurons aussi :

$$\Sigma e'' = \frac{\Phi_{p\max}}{2} p\omega' \cos \Omega t \int_{+\alpha'}^{+\alpha' + \frac{2\pi}{2p}} \frac{n_2}{2\pi} \cos p\delta' \, d\delta'$$

c'est-à-dire :

$$\Sigma e'' = \frac{\Phi_{p\max}}{2} p\omega' \frac{n_2}{2\pi} \cos \Omega t \left[\frac{\sin p\delta'}{p} \right]_{+\alpha}^{+\alpha' + \frac{2\pi}{2}}$$

ou bien :

$$\Sigma e'' = -\frac{\Phi_{p\max}}{2} p\omega' \frac{n_2}{2\pi p} \cos \Omega t \, 2 \sin p\alpha$$

ou encore

$$\Sigma e'' = -\frac{n_2}{p\pi} \frac{\Phi_{p\max}}{2} p\omega' \cos \Omega t \sin p\alpha'.$$

Sommons ces deux f.é.m. : e' et e''

$$\Sigma (e' + e'') = \frac{n_2}{p\pi} \frac{\Phi_{p\max}}{2} \left[\Omega \cos p\alpha' \sin \Omega t - p\omega' \cos \Omega t \sin p\alpha' \right]$$

c'est-à-dire, en résumé :

$$\mathcal{E}_{\alpha \, \text{démarrage}} = \frac{\Phi_{p\max}}{2} \frac{n_2}{p\pi} \left[\Omega \sin \Omega t \cos p\alpha' \right]$$

et :

$$\mathcal{E}_{\alpha \, \text{en marche}} = \frac{\Phi_{p\max}}{2} \frac{n_2}{p\pi} \left[\Omega \sin \Omega t \cos p\alpha' - p\omega' \cos \Omega t \sin p\alpha' \right].$$

Toujours avec

$$\alpha' + \alpha = \frac{\pi}{2p} \quad \text{et} \quad \delta + \delta' = \frac{\pi}{2p}.$$

On peut voir déjà sur cette formule que la f.é.m. cherchée se compose de deux parties :

FASC. 35.

La première, f.é.m. de démarrage, ou statique, due à la variation seule du courant excitateur dans le temps.

La deuxième, due au mouvement de l'induit, dans le champ inducteur momentanément considéré comme fixe.

REMARQUE. — On peut essayer de retrouver cette expression de la f.é.m. en marche au moyen des formules, bien connues, de l'induction dans un conducteur.

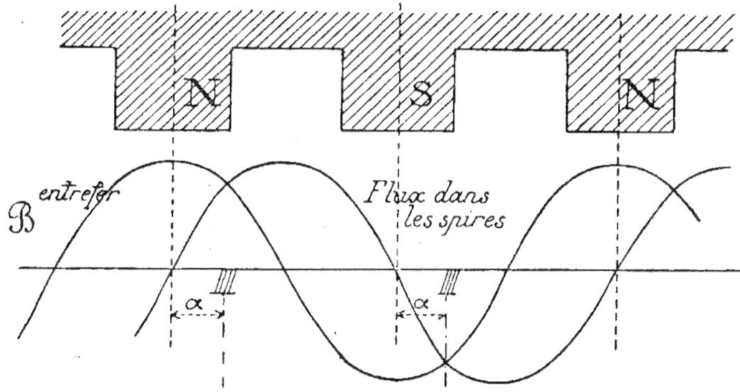

Fig. 60. — Développement d'un moteur asynchrone à collecteur. Situations respectives à un instant donné, des courbes d'induction dans l'entrefer et de flux dans les spires.

Soit toujours α' l'angle des balais avec les axes polaires (fig. 60).

Nous aurons ainsi, comme valeur de la somme des f.é.m. développées dans les sections comprises entre les balais, le taux du gain (positif ou négatif) des lignes de forces coupées par les conducteurs associés en série, par la différentielle du temps dt correspondant à cette variation de flux.

Les f.é.m. développées dans les conducteurs de la section, et sommées dans les balais, sont évidemment dues à la somme des dérivées des flux coupés par ces conducteurs.

Nous aurons conséquemment pour un conducteur :

$$d\Phi = d\,(\mathcal{B}\,S)$$

et en valeur absolue :

$$e = \frac{d\Phi}{dt} = \mathcal{B}\,LV + LS\,\frac{d\mathcal{B}}{dt} = e' + e''.$$

Le premier terme correspond à la f.é.m. qui serait développée si l'induction était constante au point étudié, et à l'instant considéré, l'autre à la f.é.m. développée dans des cadres fixes soumis à des inductions variables.

Le premier terme serait évidemment :

$$e'' = \mathbf{LV} \, \mathfrak{B}_{\max} \cos p\,\mathfrak{d}'$$

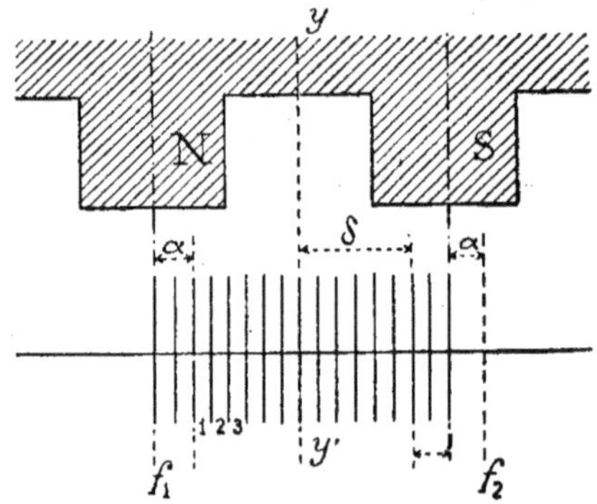

Fig. 61. — Production de f. é. m. d'induction statique dans les conducteurs d'un moteur asynchrone à collecteur.

pour un conducteur, et pour les $\dfrac{n_2}{2p}$ conducteurs entre balais :

$$\Sigma e'' = \frac{n_2}{2\pi} \, \mathbf{LV} \, \mathfrak{B}_{\max} \cos \Omega t \int_{+\alpha'}^{+\alpha'+\frac{\pi}{p}} \cos p\,\mathfrak{d}' \, d\mathfrak{d}'$$

$$= \frac{n_2}{2\pi} \, \frac{\mathbf{LD}\omega'}{2} \, \mathfrak{B}_{\max} \cos \Omega t \, [\sin p\,\mathfrak{d}']_{+\alpha'}^{+\alpha'+\frac{\pi}{p}}$$

$$= -\frac{n_2}{2\pi} \, \frac{\omega'}{p} \, \mathbf{LD} \, \mathfrak{B}_{\max} \, \frac{\cos \Omega t}{2} \, [2 \sin p\,\alpha']$$

Ou, en remarquant que l'on a toujours (distribution sinusoïdale de l'induction dans l'entrefer) :

$$\Phi_{p\max} = \frac{2}{p} \, \mathfrak{B}_{\max} \, \frac{\mathbf{LD}}{2}$$

$$\Sigma e'' = -\frac{n_2}{p\pi} \, p\,\omega' \, \frac{\Phi_{p\max}}{2} \sin p\,\alpha' \cos \Omega t$$

On reconnaît là le terme e'' de la f.é.m. calculée en prenant pour base l'induction dans une spire d'anneau.

Le terme e' a pour valeur absolue :

$$\Sigma\, e' = \Sigma\, \mathrm{LS}\, \frac{d\,\mathfrak{B}}{dt}$$

Ce terme représente la f.é.m. développée dans des cadres fictifs ayant tous pour conducteur commun l'axe interpolaire $y\,y'$ et pour conducteurs actifs les conducteurs de tête 1, 2, 3, ou de queue (fig. 61) :

$$\left(\frac{n_2}{2p} - 3\right),\ \left(\frac{n_2}{2p} - 2\right),\ \left(\frac{n_2}{2p} - 1\right)\ \ldots\ldots \text{etc.}$$

Cherchons les flux correspondants $\mathrm{LS}\,\mathfrak{B}$, de manière à en pouvoir prendre les dérivées :

$$\mathrm{LS}\,\frac{d\,\mathfrak{B}}{dt}$$

Flux dans le cadre : $1 - y\,y'$. Il a pour valeur :

$$\frac{\mathrm{LD}}{2}\,\mathfrak{B}_{\max}\cos\Omega t \int_{\alpha'}^{\frac{2\pi}{4p}} \cos p\,\delta'\,d\delta'$$

$$\frac{\mathrm{LD}}{2}\,\mathfrak{B}_{\max}\cos\Omega t \left[\frac{\sin p\delta'}{p}\right]_{\alpha'}^{\frac{2\pi}{4p}}$$

d'où le flux :

$$\frac{\mathrm{LD}}{2}\,\mathfrak{B}_{\max}\cos\Omega t\,(1 - \sin p\,\alpha')\,\frac{1}{p}$$

et d'une manière générale, pour un conducteur d'abcisse δ_1

$$\frac{\mathrm{LD}}{2}\,\mathfrak{B}_{\max}\,\frac{1}{p}\cos\Omega t\,(1 - \sin p\,\delta_1)$$

Nous en concluons, pour les conducteurs de cette région $\alpha' - \dfrac{2\pi}{2p}$:

$$\Sigma\, e' = \frac{\mathrm{LD}}{2}\,\mathfrak{B}_{\max}\,\frac{\Omega}{p}\,\sin\Omega t \int_{\alpha'}^{\frac{\pi}{2p}} \frac{n_2}{2\pi}\,(1 - \sin p\,\delta')\,d\delta'$$

C'est-à-dire :

$$\Sigma e' = \frac{n_2}{2\pi p}\ \frac{\Phi_{pmax}}{2}\ \Omega \sin\Omega t \left(\frac{\pi}{2} - p\,\alpha' + \cos p\,\alpha'\right)$$

$$= \frac{n_2}{2\pi p}\ \frac{\Phi_{pmax}}{2}\ \Omega \sin\Omega t \left(\frac{\pi}{2} - p\,\alpha' + \cos p\,\alpha'\right)$$

C'est-à-dire, pour cette région, $\left(\alpha' - \dfrac{\pi}{p}\right)$

$$\frac{n_2}{2p\,\pi}\ \frac{\Phi_{pmax}}{2}\ \sin\Omega t \left[\frac{\pi}{2} - p\,\alpha' + \cos p\,\alpha'\right]$$

Pour l'autre région, calcul et expression analogues. Mais étendus de

$$\frac{2\pi}{4p} \qquad \text{à} \qquad \frac{2\pi}{2p} - \alpha'$$

On trouve ainsi :

$$\frac{n_2}{2\pi p}\ \frac{\Phi_{pmax}}{2}\ \Omega \sin\Omega t \left[-\frac{\pi}{2} + p\,\alpha' + \cos p\,\alpha'\right]$$

Formons la somme, il vient

$$\frac{n_2}{\pi p}\ \Omega\ \frac{\Phi_{pmax}}{2}\ \sin\Omega t\ \cos p\,\alpha'$$

c'est-à-dire, l'expression qu'il fallait reconstituer.

Remarquons que l'expression précédente représente la forme $\Sigma LS\,\dfrac{d\mathcal{B}}{dt}$. Pour tenir compte de la formule générale de l'induction, nous devons la prendre avec son signe, ce qui nous donne

$$\Sigma e' = \frac{n_2}{\pi p}\ \Omega\ \frac{\Phi_{pmax}}{2}\ \sin\Omega t\ \cos p\,\alpha'$$

Conclusions. — Nous retrouvons, comme expression de la f.é.m. de marche, la suivante :

$$E_\alpha = \frac{n_2}{\pi p}\ \frac{\Phi_{pmax}}{2}\ [\Omega \sin\Omega t\ \cos p\,\alpha' - p\,\omega'\ \cos\Omega t\ \sin p\,\alpha'].$$

COUPLE EN MARCHE NORMALE

Cherchons de même l'expression du couple en marche normale; pour cela, formons cette expression pour un seul conducteur. On a :

$$I_x = \frac{n_2}{p\pi} \frac{\Phi_{pmax}}{2\sqrt{R_2^2 + \mathcal{L}_2^2(\Omega - \Omega')^2}}\left[\Omega\cos\left(-\frac{\pi}{2}+\Omega t - \varphi_2\right)\cos p\alpha' - p\omega'\cos[\Omega t - \varphi_2]\sin p\alpha'\right]$$

en appelant R_2 et $\mathcal{L}_2(\Omega - \Omega')$ la résistance et la réactance de l'induit, et en remarquant que cette dernière est constituée par une pulsation $(\Omega - \Omega')$ et non Ω (1).

De même que nous pouvions considérer la f.é.m. comme due à deux composantes, de même, nous pouvons admettre que I' et I" constituent les deux composantes du courant I_x avec :

$$I' = -\frac{\Phi_{pmax}}{2}\frac{n_2}{\pi p}\frac{p\omega'\cos(\Omega t - \varphi_2)\sin p\alpha'}{\sqrt{R_2^2 + \mathcal{L}_2^2(\Omega - \Omega^1)^2}}$$

et

$$I'' = \frac{\Phi_{max}}{2}\frac{n_2}{\pi p}\frac{\Omega\cos p\alpha'\cos\left(-\frac{\pi}{2}+\Omega t - \varphi_2\right)}{\sqrt{R_2^2 + \mathcal{L}_2^2(\Omega - \Omega)^2}}$$

Nous aurons ainsi pour expression du couple C_T sur un conducteur

$$C_T = \mathcal{B}_{max}\cos\Omega t\cos p\delta\,(I' + I'')\,L\frac{D}{2}$$

---

(1) Cette conception d'un induit à rotor soumis àun flux de pulsation $(\Omega - \Omega')$ peut sembler contradictoire et incompatible avec les notions généralement admises dans le cas des moteurs à champs tournants et des moteurs asynchrones à champs alternatifs simples. Au fond, ces deux catégories de phénomènes et les modes de représentation utilisés dans les deux cas sont tout à fait différents,

Dans le cas d'un moteur synchrone à champ tournant, ou plutôt à champ alternatif simple, le rotor, considéré comme un ensemble, est le siège d'un flux (pulsation $\Omega - \Omega'$) champ tournant ou de deux flux (pulsation $\Omega - \Omega'$ et $\Omega + \Omega'$). Ici nous considérons la partie du rotor mobile comprise momentanément entre deux balais fixes. Elle est, en tant que siège d'un flux alternatif, soumise à la pulsation inductive Ω (électrique et magnétique) mais à chaque partie du rotor s'en substitue une autre dans son mouvement (ω') de telle sorte que la pulsation *résultante du tronçon du rotor* équivalent au rotor vrai qu'on peut supposer fixé entre les balais est : $\Omega - \Omega' = \Omega - p\omega'$. D'ou la justification de l'expression ci-dessus adoptée pour la réactauce d'une section entre balais du moteur asynchrone à collecteur $\mathcal{L}_2(\Omega - \Omega')$.

C'est-à-dire :

$$C_T = \mathcal{B}_{max} \frac{\cos \Omega t}{2} \, LD \, (I' + I'') \cos p\delta$$

ou enfin

$$C_T = \frac{\Phi_{pmax}}{2} \, p \, [I' + I''] \int_{\alpha'}^{\alpha' + \frac{\pi}{p}} \frac{n_2}{2\pi} \cos p\delta \; d\delta$$

$$C_T = \frac{\Phi_{pmax}}{2} \, p \, (I' + I'') \frac{n_2}{2\pi} \left[\frac{\sin p\delta}{p} \right]_{\alpha'}^{\alpha' + \frac{\pi}{p}}$$

$$C_T = - \frac{p\,\Phi_{pmax}}{2} \frac{n_2}{2\pi p} \, 2 \sin p\alpha' \, (I' + I'')$$

D'où les deux couples :

$$C' = + \frac{p\,\Phi_{pmax}^2}{4} \left(\frac{n_2}{\pi p} \right)^2 \frac{p\,\omega' \sin^2 p\alpha' \cos \Omega t \, (\Omega t - \varphi_2)}{\sqrt{R_2^2 + \mathcal{L}_2^2 (\Omega - \Omega')^2}}$$

Et

$$C'' = - \frac{p\Phi_{pmax}}{4} \left(\frac{n_2}{\pi p} \right) \frac{\Omega \sin p\alpha' \cos p\alpha' \cos \Omega t \cos \left(\Omega t - \frac{\pi}{2} - \varphi_2 \right)}{\sqrt{R_2^2 + \mathcal{L}_2^2 (\Omega - \Omega')^2}}$$

Et enfin :

$$C_T = C' + C''$$

Si on pose pour le couple total, en remarquant qu'il y a $2p$ sections :

$$B_0 = 2p \, \frac{p\,\Phi_{pmax}^2}{4} \left[\frac{n^2}{\pi p} \right]^2 \frac{\sin p\alpha'}{\sqrt{R_2^2 + \mathcal{L}_2^2 (\Omega - \Omega')^2}}$$

il vient :

$$C_{moy} = - B_0 \left[\cos \Omega t \cos(\Omega t - \varphi_2) \sin p\alpha' \times p\omega' + \Omega \cos \Omega t \cos \left(\Omega t - \frac{\pi}{2} - \varphi_2 \right) \cos p\alpha'. \right]$$

$$C_T = - B_0 \begin{cases} (\cos^2 \Omega t \cos\varphi_2 + \sin \Omega t \cos \Omega t \sin \varphi_2) \, p\omega' \, \sin p\alpha' \\ - \Omega \cos p\alpha' \, [- \cos^2 \Omega t \sin\varphi_2 + \sin \Omega t \cos \Omega t \cos \varphi_2] \end{cases}$$

Le couple moyen a pour valeur :

$$C_{moy} = - \frac{B_0}{2} \left[p\,\omega' \sin p\alpha' \cos\varphi_2 - \Omega \cos p\alpha' \sin \varphi_2 \right]$$

Avec

$$B_0 = 2 . \Phi_{pmax}^2 \left(\frac{n_2}{2\pi} \right)^2 \frac{\sin p\alpha'}{\sqrt{R_2^2 + \mathcal{L}_2 (\Omega - \Omega^2)}}$$

Les couples instantanés pulsatoires supplémentaires ont pour valeur :

$$C_{\text{pulsatoire}} = -\frac{B_0}{2} \left\{ \begin{array}{l} \cos 2\Omega t\,(p\,\omega' \sin p\,\alpha' \cos\varphi_2 + \Omega \cos p\,\alpha' \sin\varphi_2) + \\ + \sin 2\Omega t\,(p\,\alpha' \sin p\,\alpha' \sin\varphi_2 - \Omega \cos p\,\alpha' \cos\varphi_2) \end{array} \right.$$

ou, sous une autre forme :

$$C_{\text{pulsatoire}} = -\frac{B_0}{2} \left\{ \begin{array}{l} (\cos 2\Omega t \cos\varphi_2 + \sin 2\Omega t \sin\varphi_2)\,p\,\omega' \sin p\,\alpha' + \\ + (\cos 2\Omega t \sin\varphi_2 - \sin 2\Omega t \cos\varphi_2)\,\Omega \cos p\,\alpha' \end{array} \right.$$

ou encore :

$$C_{\text{pulsatoire}} = -\frac{B_0}{2} \left\{ \cos(2\Omega t - \varphi_2) p\,\omega' \sin p\,\alpha' - \sin(2\Omega t - \varphi_2)\,\Omega \cos p\,\alpha' \right\}$$

On voit que ce couple est de pulsation $2\,\Omega$, comme dans un moteur monophasé ordinaire. On a heureusement ici, par contre, un couple moteur moyen différent de 0 :

$$C_{\text{moy tot.}} = \frac{B_0}{2}[-p\,\omega' \sin p\,\alpha' \cos\varphi_2 + \Omega \cos p\,\alpha' \sin\varphi_2]$$

En particulier, quand $\omega' = 0$, on retrouve le couple de démarrage, analogue à celui que nous avons trouvé plus haut.

On voit que ce couple, au démarrage, s'annule avec :

$$p\,\alpha' = \frac{\pi}{2}$$

c'est-à-dire quand la position des balais correspond aux axes interpolaires.

En particulier, la caractéristique mécanique d'un tel moteur est représentée par la droite :

$$C_{\text{moy}} = \frac{B_0}{2}[-p\,\omega' \sin p\,\alpha' \cos\varphi_2 + \Omega \cos p\,\alpha' \sin\varphi_2]$$

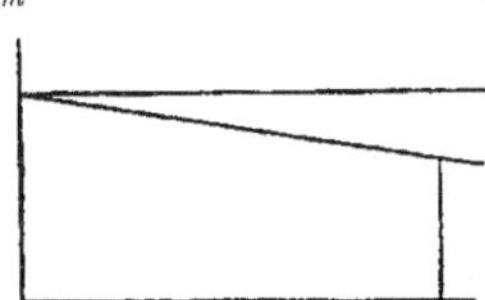

Fig. 62. — Allure générale du couple d'un moteur asynchrone à collecteur en fonction de la vitesse.

On voit que ce couple décroît quand la vitesse augmente. Il s'annule en particulier pour une valeur de ω' fonction du calage des balais et facile à déterminer (fig. 62).

REMARQUE I. — On pourrait remarquer, conformément à ce que nous avons déjà dit que la f.é.m. de marche normale se compose de deux parties : l'une analogue à celle de démarrage, et représentée par un vecteur de f.é.m. maxima :

$$\frac{\Phi_{p\max}}{2}\,\frac{n_2}{p\,\pi}\,\Omega \cos p\,\alpha'$$

et de phase $\sin \Omega t$, ou $\cos \left(\dfrac{\pi}{2} - \Omega t\right)$, ou enfin $\left(\Omega t - \dfrac{\pi}{2}\right)$ l'autre de valeur maxima :

$$\frac{\Phi_{p\max}}{2} \; \frac{n_2}{p\pi} \; p\omega' \; \sin p\alpha'$$

de phase $\cos \Omega t$.

Les courants peuvent se représenter par les mêmes graphiques.

Remarque II. — On verra, sur l'expression du couple moyen de marche normale, que ce couple varie proportionnellement au carré de $\Phi_{p\max}$, comme dans tous les moteurs asynchrones.

Il s'annule avec $\alpha' = \dfrac{\pi}{2p}$ au démarrage, en vertu de la symétrie existant alors au point de vue des effets des inductions sur les courants $I\alpha$ engendrés par les f.é.m. statiques. On peut donc, et c'est un problème intéressant, chercher le maximum de ce couple.

$$C_{\text{total}} = \frac{\Phi^2_{\max}}{4} \left[\frac{n_2}{\pi}\right]^2 \frac{-\sin p\alpha'}{\sqrt{R_2^2 + \mathcal{L}_2^2(\Omega - \Omega')^2}} [p\omega' \sin p\alpha' \cos\varphi_2 - \Omega \cos p\alpha' \sin\varphi_2]$$

Cherchons l'angle de calage correspondant à ce maximum.
Ce maximum arrivera pour :

$$\frac{d}{d\alpha'} [\sin p\alpha' (p\omega' \cos\varphi_2 \sin p\alpha' - \Omega \sin\varphi_2 \cos p\alpha')] = 0$$

C'est-à-dire, pour :

$$\frac{d}{d\alpha'} \left[\sin^2 p\alpha' \times p\omega' \cos\varphi_2 - \Omega \sin\varphi_2 \frac{\sin 2p\alpha'}{2}\right] = 0$$

$$\frac{1}{2} \frac{d}{d\alpha'} [(1 - \cos 2p\alpha') p\omega' \cos\varphi_2 - \Omega \sin\varphi_2 \sin 2p\alpha'] = 0$$

$$p\omega' \sin 2p\alpha' \cos\varphi_2 - \Omega \sin\varphi_2 \cos 2p\alpha' = 0$$

d'où :

$$\frac{p\omega' \cos\varphi_2}{\Omega \sin\varphi_2} = \frac{\cos 2p\alpha'}{\sin 2p\alpha'}$$

$$\operatorname{tg} 2p\alpha' = \frac{\Omega \sin\varphi_2}{p\omega' \cos\varphi_2} = \frac{\Omega}{p\omega'} \operatorname{tg}\varphi_2.$$

Telle est la valeur de l'angle α' pour laquelle le couple est maximum.

Dans ce cas particulier, la valeur du couple sera :

Si :

$$\sin 2p\alpha' = \frac{\Omega \sin\varphi_2}{\sqrt{\Omega^2 \sin^2\varphi_2 + p^2\omega'^2 \cos^2\varphi_2}}$$

$$\cos 2p\alpha' = \frac{p\omega' \cos\varphi_2}{\sqrt{\Omega^2 \sin^2\varphi_2 + p^2\omega'^2 \cos^2\varphi_2}}$$

$$C_{total} = \frac{\left(\dfrac{n_2}{\pi}\right)^2 \dfrac{\Phi_{p}^{2}{}_{max}}{8}}{\sqrt{R_2^2 + \mathcal{L}_2^2(\Omega - \Omega')^2}} \left\{ \begin{array}{l} -\left(1 - \dfrac{p\omega' \cos\varphi_2}{\sqrt{\Omega^2 \sin^2\varphi_2 + p^2\omega'^2 \cos^2\varphi_2}}\right) p\omega' \cos\varphi_2 \\ + \dfrac{\Omega^2 \sin^2\varphi_2}{\sqrt{\Omega^2 \sin^2\varphi_2 + p^2\omega'^2 \cos^2\varphi_2}} \end{array} \right.$$

Le terme entre crochets devient aisément :

$$-p\omega' \cos\varphi_2 + \sqrt{p^2\omega'^2 \cos^2\varphi_2 + \Omega^2 \sin^2\varphi_2}.$$

Soit même le synchronisme réalisé :

$$p\omega' = \Omega.$$

Nous avons alors comme expression du couple :

$$C_{total} = \left(\frac{n_2}{\pi}\right)^2 \frac{\Phi_{p}^{2}{}_{max}}{8} \times \frac{1}{R_2} \left[-\Omega\cos\varphi_2 + \frac{\Omega^2 \left[\cos^2\varphi_2 + \sin^2\varphi_2\right]}{\sqrt{\Omega^2 (\cos^2\varphi_2 + \sin^2\varphi_2)}} \right]$$

$$C_{total} = \left(\frac{n_2}{\pi}\right)^2 \frac{\Phi^2{}_{max}}{8} \frac{1}{R_2} \Omega (1 - \cos\varphi_2)$$

Dans ce cas spécial :

$$p\omega' = \Omega$$

$$\operatorname{tg} 2p\alpha' = \frac{\sin\varphi_2}{\cos\varphi_2} = \operatorname{tg}\varphi_2.$$

MODIFICATIONS ET PERFECTIONNEMENTS DES MOTEURS A RÉPULSION

Considérons le développement d'un moteur à répulsion.

Nous savons, au démarrage, que, suivant la position des balais décalés d'un angle α' par rapport aux axes polaires, on a :

Une f.é.m. nulle quand $\alpha' = \dfrac{\pi}{2p}$.

Une f.é.m. maxima quand $\alpha' = 0$.

Couple. — Il a, rappelons-le, pour expression la somme étendue à tous les conducteurs d'une section :

$$C_T = \sum \mathcal{B}_{max} \cos \Omega t \, \cos p\,\delta \left[I_\alpha \, L \, \frac{D}{2} \right]$$

I_x étant représenté par l'expression donnée plus loin.

Rappel de la valeur de la force électromotrice.

$$E_a = \frac{\Phi_{pmax}}{2} \left[\frac{n_2}{p\,\pi} \, \Omega \cos p\,\alpha' \cos \left(\Omega t - \frac{\pi}{2} \right) - p\,\omega' \cos \Omega t \sin p\,\alpha'. \right]$$

Rappel de la valeur du courant.

$$I_\alpha = \frac{\Phi_{pmax}}{2} \frac{n_2}{p\,\pi} \left[\Omega \cos p\,\alpha' \cos \left(\Omega t - \frac{\pi}{2} - \varphi_2 \right) \frac{1}{Z_2} - p\omega' \cos(\Omega t - \varphi_2) \sin p\,\alpha' \times \frac{1}{Z_2} \right]$$

avec

$$Z_2 = \sqrt{R_2^2 + \mathcal{L}_2^2 \, (\Omega - \Omega')^2}$$

Rappel de l'expression du couple.

C'est le produit de l'expression :

$$I_\alpha = \frac{\Phi_{max}}{Z_2} \left(\frac{n_2}{p\,\pi} \right) \left[\Omega \cos p\,\alpha' \cos \left(\Omega t - \frac{\pi}{2} - \varphi_2 \right) - p\,\omega' \sin p\,\alpha' \cos \left(\Omega t - \varphi_2 \right) \right]$$

par la somme étendue à la section

$$\Sigma \, \mathcal{B}_{max} \cos \Omega t \, \cos p\,\delta \, \frac{LD}{2}$$

ou bien

$$\Gamma = \left(\frac{n_2}{p\,\pi} \right)^2 \frac{\Phi_p^2{}_{max}}{4} \left[\Omega \cos p\,\alpha' \sin p\,\alpha' \cos \left(\Omega t - \frac{\pi}{2} - \varphi_2 \right) \cos \Omega t \right.$$
$$\left. - p\omega' \sin^2 p\,\alpha' \cos \Omega t \cos \left(\Omega t - \varphi_2 \right) \right]$$

Posons toujours, puisqu'il y a $2p$ couples identiques :

$$B_0 = 2p \frac{p}{4} \Phi_p^2{}_{max} \left(\frac{n_2}{\pi p} \right)^2 \frac{\sin p\,\alpha}{\sqrt{R_2^2 + \mathcal{L}_2^2 \, (\Omega - \Omega')^2}}$$

il vient

$$C_{moy\;total} = - \frac{B_0}{2} \left[p\omega' \sin p\,\alpha' \cos \varphi_2 - \Omega \sin \varphi_2 \cos p\,\alpha' \right]$$

Nous avons trouvé que le maximum du couple survenait pour une valeur de $tg\,2p\,\alpha'$ donnée par :

$$\text{tg}\,2p\,\alpha' = \frac{\Omega\,\sin\varphi_2}{p\,\omega'\,\cos\varphi_2}$$

Ceci est vrai en marche normale, mais encore faut-il que le couple de démarrage existe.

Or pour $\qquad\qquad \omega' = 0 \qquad\qquad$ on a :

$$\begin{cases} \text{tg}\,2p\,\alpha' = \infty \\[2mm] 2\,p\,\alpha' = \dfrac{\pi}{2} \\[2mm] p\,\alpha' = \dfrac{\pi}{4} \end{cases}$$

Il faut donc modifier le calage des balais pour le démarrage.

Au démarrage.

Appelons φ'_2 la valeur du décalage dans le rotor correspondant au démarrage, avec $\text{tg}\,\varphi'_2 = \dfrac{\mathcal{L}_2\,\Omega}{R_2}$.

$$C_{moy} = \frac{n_2}{4\,\pi^2}\,\Phi^2{}_{max}\,\Omega\,\sin p\,\alpha'\,\cos p\,\alpha'\,\sin\varphi_2$$

Il faut, pour que ce couple existe, que :

$$\begin{aligned} \sin 2p\,\alpha' &\neq 0 \\ \cos p\,\alpha' &\neq 0 \\ \sin p\,\alpha' &\neq 0 \end{aligned}$$

C'est-à-dire que $p\,\alpha'$ soit différent de 0, et de $\dfrac{\pi}{2}$:

Le couple de démarrage sera, toutes choses égales, maximum, si

$$\begin{cases} \sin 2p\,\alpha' = 1 \\[2mm] 2\,p\,\alpha' = \dfrac{\pi}{2} \\[2mm] p\,\alpha' = \dfrac{\pi}{4} \end{cases}$$

On aura donc le meilleur couple, au démarrage, en calant les balais sur un angle α' donné par :

$$p\,\alpha' = \frac{\pi}{4}$$

angle qu'on devra modifier, après ce démarrage, de façon à avoir au synchronisme ou au quasi-synchronisme :

$$\operatorname{tg} 2p\alpha' = \frac{\sin \varphi_2}{\cos \varphi_2}$$
$$2p\alpha' = \varphi_2$$
$$p\alpha' = \frac{\varphi_2}{2}$$
$$\alpha' = \frac{\varphi_2}{2p},$$

φ_2 étant le décalage dans le rotor pour la vitesse ω'.

Si R_2 est faible devant la réactance $\mathcal{L}_2\Omega$, correspondant à la pulsation du courant d'alimentation, par contre au quasi-synchronisme, la réactance du rotor sera faible et φ_2 pourra être très voisin de 0. On devra manœuvrer les balais depuis :

$$\alpha' = \frac{\pi}{4p} \text{ (démarrage)}$$

jusqu'à un angle de calage voisin de 0 pour le synchronisme.

Cette manœuvre constitue une véritable sujétion. L'éventualité d'une baisse accidentelle de vitesse du moteur est particulièrement fâcheuse, car le couple n'étant plus accordé sur l'angle $p\alpha'$ le plus favorable, décroîtra très vite, et il y aura à craindre un décrochage.

Une autre difficulté naît, de la nécessité, pour réaliser le changement du sens de marche, de déplacer les balais :

On doit leur donner une situation symétrique, par rapport aux axes polaires, de celle qu'ils occupaient précédemment pour le sens de marche primitif, au moins dans l'hypothèse d'un même couple résistant.

En résumé, l'infériorité des moteurs à répulsion tient toute entière dans ce dilemme :

La f.é.m. est maxima, au moins au démarrage, quand les balais sont sur les axes polaires, mais le couple est nul dans ce cas, car les effets de l'induction $\mathfrak{B}$ sur les conducteurs de la section d'induit entre balais, se détruisent dans les moitiés a et b de cette section d'induit. Il faut donc réaliser une position des balais comprise entre les axes polaires et les axes interpolaires (fig. 63).

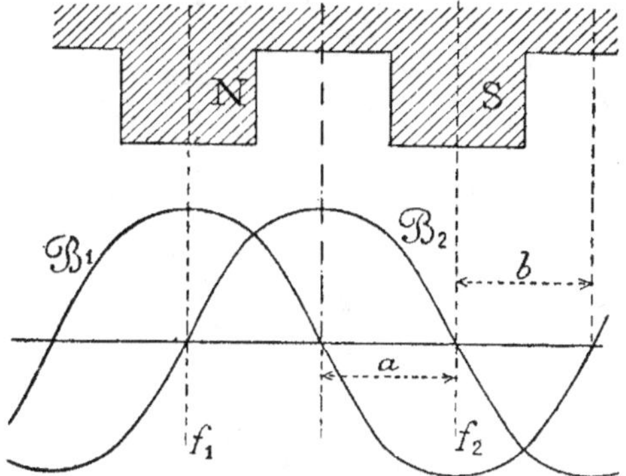

Fig. 63. — Constitution de deux champs dans un moteur asynchrone à collecteur, dits *champ d'induction* et *champ de courant*.

Remarque. — Si l'on parvenait à induire par un procédé extérieur, dans le rotor, un courant susceptible d'avoir une valeur maxima correspondant à la position de calage des balais sur les pôles inducteurs du champ, les difficultés seraient levées, car on pourrait agir indépendamment sur les $\mathfrak{B}$ et sur les I, ce qui serait l'idéal (fig. 64).

En conclusion, on emploierait deux systèmes de pôles inducteurs (réels ou fictifs) l'un donnant les $\mathfrak{B}$ (de couple) et l'autre créant les Iα.

Premier système. — Champs ou pôles dont les axes sont calés sur les balais. Ils créent un courant de valeur, au démarrage :

$$\frac{\Phi_{p\max}}{2Z_2}\,\frac{n_2}{\pi p}\left[\Omega\cos p\,\alpha'\cos\left(\Omega t-\frac{\pi}{2}-\varphi_2\right)\right],$$

car

$$p\,\omega' = 0.$$

Même en marche, on aura :

$$\sin p\,\alpha' = 0.$$

ll n'y a donc pas de terme proportionnel à ω' dû à ce système excitateur.

On a donc un courant maximum, en tout cas, exceptionnellement favorable, mais pas de couple de démarrage avec ce courant.

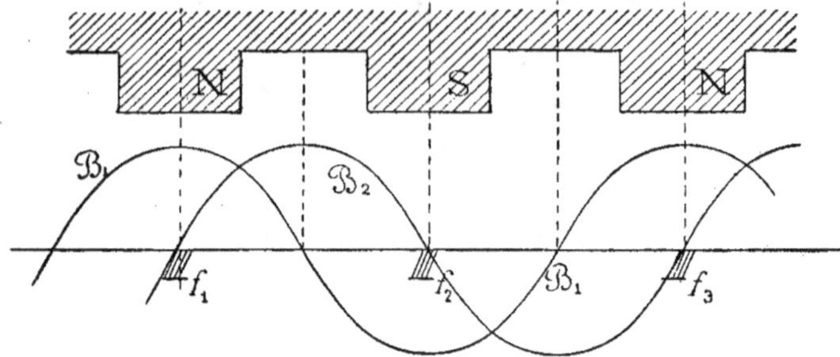

Fig. 64. — Constitution de deux champs dans un moteur asynchrone à collecteur, avec calage des balais sur les lignes polaires.

Deuxième système. — Pôles à $\dfrac{\pi}{2p}$ des balais excités par le même courant de stator que les premiers, créant une f.é.m. qui est nulle au démarrage, car elle est de la forme :

$$p\,\omega'\cos(\Omega t - \varphi_2)\sin p\,\alpha'.$$

Mais ici :

$$\left[p\,\alpha' = \frac{\pi}{2} - p\varphi\right]$$

représente le décalage dans l'espace du nouveau champ par rapport au premier, c'est-à-dire le décalage dans l'espace (entrefer) des flux des deux courants excitateurs. Soit même en général, un décalage φ entre les courants d'alimentation des deux systèmes de pôles.

On aura un second courant, non concordant en phase avec le premier (en marche normale).

Mais au démarrage $\omega' = 0$. Donc pas de courant dû à ce second champ. Ainsi, au démarrage, nous aurons un courant unique dû au premier champ.

$\mathcal{B}_1 =$ champ de courant. $\mathcal{B}_2 =$ champ de couple ou d'induction.

Réaction d'induit. — Quant à la réaction d'induit, nous aurons au démarrage des pôles de courant aux balais, qui se combineront avec les pôles inducteurs, et une courbe d'induction de couple en quadrature avec celle d'induction de courant.

ÉTUDE ALGÉBRIQUE DE LA FORME DU COURANT DANS LE CAS DE DEUX SYSTÈMES DE CHAMPS INDUCTEURS EN QUADRATURE

Appelons $\Phi^{(1)}{}_{max}$ et $\Phi^{(2)}{}_{max}$ les valeurs maxima des deux champs, et désignons par φ le déphasage, dans le temps, des deux courants excitateurs.

Algébriquement, nos courants seront représentés par les formules :

$$I_2^{(1)} = \frac{\Phi^{(1)}_{max}}{2}\frac{n_2}{\pi p}\frac{1}{Z_2}\left\{\begin{array}{l}\Omega \cos p\,\alpha' \cos\left[\Omega t - \dfrac{\pi}{2} - \varphi_2\right]\\[2mm] - p\,\omega' \sin p\,\alpha' \cos(\Omega t - \varphi_2).\end{array}\right.$$

Posons : $p\,\alpha = \pm\, p\,\alpha' + \dfrac{\pi}{2}$ en prenant comme O de définition, les axes polaires de même polarité de chaque sens :

$$I_2^{(1)} = \frac{\Phi^{(2)}_{max}}{2}\frac{n_2}{\pi p}\frac{1}{Z_2}\left\{\begin{array}{l}\mp\, \Omega \sin p\,\alpha' \cos\left(\Omega t - \dfrac{\pi}{2} - \varphi_2 + \varphi\right)\\[2mm] \pm\, p\,\omega' \cos p\,\alpha' \cos(\Omega t - \varphi_2 - \varphi).\end{array}\right.$$

Soient ces champs décalés dans le temps; on pourra réaliser pratiquement toutes les combinaisons possibles, relatives au choix des valeurs de :

$$\Phi^{(1)}_{max}\quad \Phi^{(2)}_{max}\quad p\,\alpha'\quad \varphi,$$

C'est dans ce choix que résident les caractéristiques des principaux brevets pris en la matière.

Nous pouvons écrire :

$$I_{total} = \frac{n_2}{2\pi p}\frac{1}{Z_2}\left\{\begin{array}{l}\Omega\left\{\begin{array}{l}\cos p\,\alpha' \cos\left(\Omega t - \dfrac{\pi}{2} - \varphi_2\right)\Phi^{(1)}_{max}\\[2mm]\mp \sin p\,\alpha' \cos\left(\Omega t - \dfrac{\pi}{2} - \varphi - \varphi_2\right)\Phi^{(2)}_{max}\end{array}\right.\\[6mm]+ p\,\omega'\left\{\begin{array}{l}\sin p\,\alpha' \cos(\Omega t - \varphi_2)\Phi^{(1)}_{max}\\[2mm]\pm \cos p\,\alpha' \cos(\Omega t - \varphi - \varphi_2)\Phi^{(2)}_{max},\end{array}\right.\end{array}\right.$$

ou encore :

$$I_{tot} = \frac{n_2}{2\pi p} \times \frac{1}{Z_2} \left\{ \begin{array}{l} \Omega \left\{ \begin{array}{l} \cos p\,\alpha' \cos\left(\dfrac{\pi}{2} + \varphi_2\right) \Phi^{(1)}_{max} \cos\Omega t \\[2mm] \pm \cos p\,\alpha' \sin\left(\dfrac{\pi}{2} + \varphi_2\right) \Phi^{(1)}_{max} \sin\Omega t \end{array} \right. \\[6mm] + \Omega \left\{ \begin{array}{l} \mp \sin p\,\alpha' \cos\Omega t \cos\left(\dfrac{\pi}{2} + \varphi + \varphi_2\right) \Phi^{(2)}_{max} \\[2mm] \mp \sin p\,\alpha' \sin\Omega t \sin\left(\dfrac{\pi}{2} + \varphi + \varphi_2\right) \Phi^{(2)}_{max} \end{array} \right. \\[6mm] + p\,\omega' \left\{ \begin{array}{l} \sin p\,\alpha'(\cos\Omega t \cos\varphi_2 + \sin\Omega t \sin\varphi_2) \Phi^{(1)}_{max} \\[2mm] \pm \cos p\,\alpha'[\cos\Omega t \cos(\varphi_2 + \varphi) + \sin\Omega t \sin(\varphi_2 + \varphi)] \Phi^{(2)}_{max}, \end{array} \right. \end{array} \right.$$

ce qui peut s'écrire :

$$I_{tot} = \frac{n_2}{2\pi p} \frac{1}{z_2} \left\{ \begin{array}{l} \left. \begin{array}{l} - \Omega \cos p\,\alpha' \sin\varphi_2\, \Phi^{(1)}_{max} \\ \pm \sin(\varphi_2 + \varphi)\,\Omega \sin p\,\alpha' \Phi^{(2)}_{max} \\ + p\,\omega' \sin p\,\alpha' \cos\varphi_2\, \Phi^{(1)}_{max} \\ \pm p\,\omega' \cos p\,\alpha' \cos(\varphi_2 + \varphi) \Phi^{(2)}_{max} \end{array} \right\} \cos\Omega t + \\[10mm] \left. \begin{array}{l} \Omega \cos p\,\alpha' \cos\varphi_2\, \Phi^{(1)}_{max} \\ \mp \Omega \sin p\,\alpha' \cos(\varphi_2 + \varphi) \Phi^{(2)}_{max} \\ + p\,\omega' \sin p\,\alpha' \sin\varphi_2\, \Phi^{(1)}_{max} \\ \pm p\,\omega' \cos p\,\alpha' \sin(\varphi_2 + \varphi) \Phi^{(2)}_{max} \end{array} \right\} \sin\Omega t \end{array} \right.$$

Cherchons en particulier la relation à établir entre les coefficients :

$$\Phi^{(1)}_{max} \quad \Phi^{(2)}_{max} \quad \alpha \quad \varphi_2 \quad \varphi$$

pour qu'il n'y ait pas de facteur de puissance (I_{tot} et $\mathfrak{B}$ en phase), relation assurant à I_{tot} la forme :

$$I = I_0 \cos\Omega t$$

ce courant sera alors en phase avec l'induction.
La relation cherchée sera évidemment :

$$0 = \left\{ \begin{array}{l} \cos p\,\alpha'[\Omega\,\Phi^{(1)}_{max} \cos\varphi_2 \pm \sin(\varphi_2 + \varphi)\,\Phi^{(2)}_{max}\, p\,\omega'] \\ + \sin p\,\alpha'[p\,\omega' \sin\varphi_2\, \Phi^{(1)}_{max} \mp \Omega \cos(\varphi_2 + \varphi)\,\Phi^{(2)}_{max}], \end{array} \right.$$

d'où :

$$\operatorname{tg} p\,\alpha' = \frac{\Phi^{(1)}_{max}\,\Omega \cos\varphi_2 \pm \Phi^{(2)}_{max}\,p\,\omega' \sin(\varphi_2 + \varphi)}{\pm \Phi^{(2)}_{max}\,\Omega \cos(\varphi_2 + \varphi) - \Phi^{(1)}_{max}\,p\,\omega' \sin\varphi_2},$$

Soient ces flux identiques :

$$\Phi_{max}^{(1)} = \Phi_{max}^{(2)}$$

et en phase :

$$\varphi = 0.$$

Alors :

$$\operatorname{tg} p\,\alpha' = \frac{\Omega \cos\varphi_2 \pm p\,\omega' \sin\varphi_2}{\pm\,\Omega \cos\varphi_2 - p\,\omega' \sin\varphi_2},$$

c'est-à-dire :

$$\operatorname{tg} p\,\alpha' = \frac{1 \pm \dfrac{p\,\omega'}{\Omega}\operatorname{tg}\varphi_2}{\pm\,1 - \dfrac{p\,\omega'}{\Omega}\operatorname{tg}\varphi_2},$$

Soit le synchronisme réalisé

$$\operatorname{tg} p\,\alpha' = \frac{1 \pm \operatorname{tg}\varphi_2}{\pm\,1 - \operatorname{tg}\varphi_2},$$

$tg\,\varphi_2$ étant faible, on peut écrire :

$$\operatorname{tg} p\,\alpha' = \pm\,1$$
$$p\,\alpha' = \pm\,45°.$$

On trouve donc, pour supprimer le facteur de puissance du couple, c'est-à-dire pour le calage optimum et sous le bénéfice des hypothèses précédentes, adoptées pour ne pas compliquer les calculs, la valeur :

$$p\,\alpha' = \sim \frac{\pi}{4}.$$

La conclusion générale de cette étude est que parmi les modifications apportées à l'un des deux champs, on pourra, l'autre restant par exemple fixe, obtenir du moteur des variations de régime qui nécessiteraient auparavant la manœuvre des balais.

CHAPITRE VI

Moteurs asynchrones à collecteur

(Suite.)

MOTEURS SÉRIE
MOTEURS SHUNT ET MOTEURS MIXTES

1° MOTEUR SÉRIE

PRINCIPE DU FONCTIONNEMENT DES MOTEURS SÉRIE
CALCUL DE LA FORCE CONTRÉLECTROMOTRICE

Nous venons d'étudier le fonctionnement du moteur à répulsion constitué par un stator de moteur asynchrone ordinaire, avec induit à collecteur, cet induit étant court-circuité sur les balais dont nous avons signalé l'existence, et déterminé la position la plus favorable.

Au contraire, imaginons que notre induit soit en connexion avec le réseau, de façon à être, par exemple, parcouru par le courant d'excitation qui devient alors le courant principal.

Il existe naturellement une analogie absolue entre l'expression de la f.é.m. développée dans la section entre balais, soit dans le cas du moteur série, soit dans le cas du moteur à répulsion.

Si, dans ces deux cas, on appelle $\Phi_{p\max}$ la valeur maxima du flux émis par un pôle, quelque soit le mode de production de ce flux, et si l'on décale les balais par rapport aux lignes polaires,

Soit toujours α' l'angle de calage des balais, par rapport à ces axes d'induction maxima, nous aurons encore :

$$\mathrm{E}_\alpha = \frac{\Phi_{p\max}}{2}\,\frac{n_2}{\pi p} \left\{ \begin{array}{l} \Omega \cos p\,\alpha' \cos\left(\Omega t - \frac{\pi}{2}\right) \\[2mm] -\,p\,\omega' \cos \Omega t \sin p\,\alpha'. \end{array} \right.$$

Or la f.é.m. E_α joue ici le rôle de force contrélectromotrice, et n'engendre aucun courant.

Le courant, lui, est donné par la formule classique :

$$U = -E_\alpha + RI + \mathcal{L}\frac{dI}{dt}.$$

On voit que le calage des balais, bien qu'important dans le cas du moteur série, au point de vue du réglage des conditions de marche,

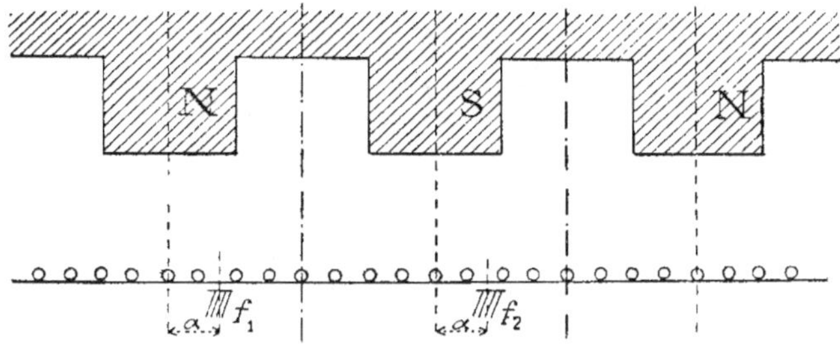

Fig. 65. — Constitution et développement d'un moteur asynchrone série à collecteur.

n'aura pas néanmoins l'influence qu'il possède dans le cas du moteur à répulsion.

En effet, I ne dépend plus que partiellement de la f.é.m. développée dans le rotor.

En prenant comme origine des phases celle de l'induction, donc du courant, nous voyons que la f.é.m. se compose de deux termes :

$$E'_\alpha = \Phi_{p\max}\frac{n_2}{2\pi p}\,\Omega\cos p\alpha'\cos\left(\Omega t - \frac{\pi}{2}\right),$$

$$E''_\alpha = \Phi_{p\max}\frac{n_2}{2\pi p}\,p\,\omega'\sin p\alpha'\cos\Omega t.$$

Posons

$$A_0 = \frac{\Phi_{p\max}}{2}\frac{n_2}{p\pi},$$

Il viendra

$$E'_\alpha = A_0\,\Omega\cos p\alpha'\cos\left(\Omega t - \frac{\pi}{2}\right),$$

$$E''_\alpha = A_0\,p\,\omega'\sin p\alpha'\cos\Omega t,$$

et :

$$\operatorname{tg}\beta = \frac{\Omega\cos p\alpha'}{p\,\omega'\sin p\alpha'}.$$

Nous pouvons prendre comme variable cet angle $\beta = BOC$ défini par

$$\operatorname{tg}\beta = \frac{\Omega \cos p\,\alpha'}{p\,\omega' \sin p\,\alpha'},$$

$$\operatorname{tg}\beta = \frac{\Omega}{p\,\omega'}\operatorname{cotg} p\,\alpha'.$$

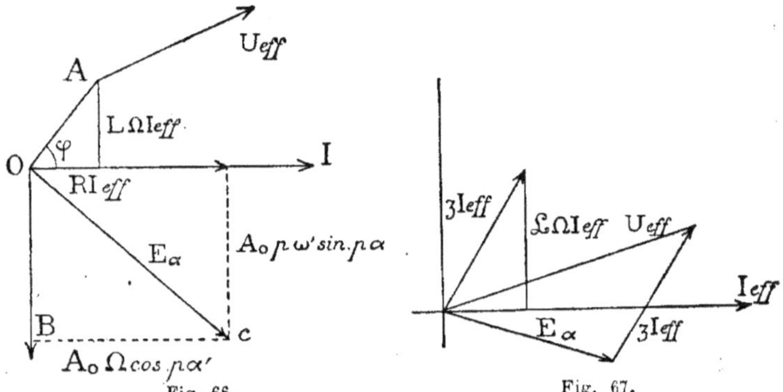

Fig. 66.   Fig. 67.

Graphique fondamental de marche d'un moteur asynchrone série à collecteur.

En prenant comme origine des phases la direction des I_{eff}, nous aurons le graphique ci-contre (fig. 66 et 67) donnant la position relative des $E_{z\,\text{eff}}$, $z\,I_{\text{eff}}$ et U_{eff}, — $E_{z\,\text{eff}}$ pouvant, suivant le calage des balais, être en avance ou en retard par rapport à I_{eff}.

On voit que si l'on cale les balais sur les axes polaires, on a la force électromotrice :

$$E'_\alpha = A_0 \Omega \cos\left(\Omega t - \frac{\pi}{2}\right),$$

force électromotrice purement statique.

Si on les cale sur les axes interpolaires, on aura la f.é.m. E''_α qui naît avec la vitesse ω', lui est proportionnelle, et s'annule avec elle. La force électromotrice, dans toutes les positions intermédiaires, est donnée par :

$$E_\alpha = - E''_\alpha \cos\left(\Omega t - \frac{\pi}{2} + \beta\right)$$

$$E_\alpha = -\frac{\Phi_{p\,max}}{2}\frac{n_2}{\pi p}\cos\left(\Omega t - \frac{\pi}{2} + \beta\right)\sqrt{\Omega^2\cos^2 p\alpha' + p^2\omega'^2\sin^2 p\alpha'}.$$

Marche au synchronisme. — La force électromotrice a alors pour valeur :

$$E_\alpha = -\frac{\Omega\,\Phi_{p\,max}}{2}\frac{n_2}{\pi p}\cos\left(\Omega t - \frac{\pi}{2} + \beta\right)$$

avec

$$\beta = \frac{\pi}{2} - p\alpha',$$

c'est-à-dire :

$$E_\alpha = -\frac{\Omega\,\Phi_{p\,max}}{2}\frac{n_2}{\pi p}\sin\left(\Omega t - p'\alpha\right).$$

Conservons donc l'expression générale

$$E_\alpha = -E_\alpha^\bullet\cos\left(\Omega t - \frac{\pi}{2} + \beta\right)$$

avec :

$$E^0_\alpha = \frac{\Phi_{p\,max}}{2}\frac{n_2}{4p}\sqrt{\Omega^2\cos^2 p\alpha + p^2\omega'^2\sin^2 p\alpha}$$

et β fonction de $(\alpha, \Omega, p\omega')$

Nous aurons ainsi les trois équations classiques de fonctionnement de ce moteur, en posant $E' = -E_\alpha$ (f. c. e. m. de moteur) :

$$U = RI + \mathcal{L}\frac{dI}{dt} + E' \tag{1}$$

$$E' = \frac{\Omega\,\Phi_{p\,max}}{2}\frac{n_2}{\pi p}\left\{\begin{array}{l}\Omega\cos p\alpha'\cos\left(\Omega t - \frac{\pi}{2}\right)\\[4pt] -\,p\omega'\sin p\alpha'\cos\Omega t\end{array}\right. \tag{2}$$

$$C_{m} = C_r = K\Phi_{p\,eff}I_{eff}\sin p\alpha'. \tag{3}$$

Les deux quantités I et Φ_p sont évidemment en phase en supposant naturellement I et Φ_p rapportés tous deux aux positions d'un même repère (axe de la bobine intéressée) et $\sin p\alpha' = \cos p\alpha$.

Donc, ce qui nous définira les conditions de fonctionnement du moteur, ce sera l'égalité des couples moteur et résistant.

Nous aurons I_{eff} par la formule :

$$C_{m\,moy} = C_r = BI'_{eff} \sin p\,\alpha',$$

une fois fixé le calage des balais et en supposant les inductions engendrées proportionnelles aux courants excitateurs.

On peut alors construire $z\,I_{eff}$, on connaît $O\,A$, $O\,B$ (fig. 68) :

$$OB = A_0\,\Omega\cos p\,\alpha' - \mathcal{L}\,\Omega\,I_{eff},$$

donc, le point C cherché, dernier sommet du triangle-diagramme, se trouve à l'intersection d'un cercle de rayon $O\,G = U_{eff}$, décrit

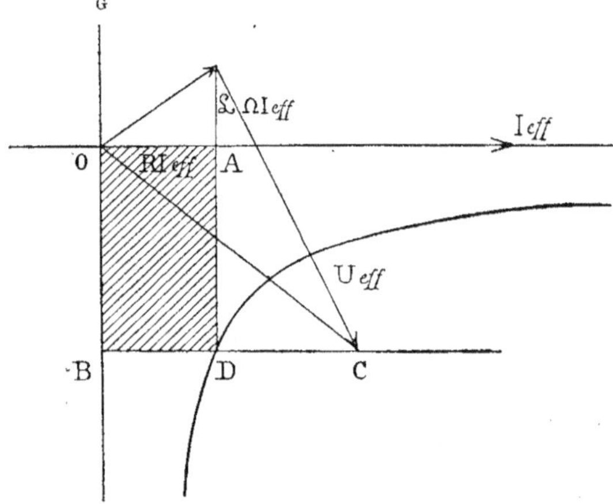

Fig. 68. — Établissement du diagramme de fonctionnement du moteur-série
à courants alternatifs.

de O comme centre, avec la perpendiculaire BC à OB et menée à la distance.

$$\left\{ \begin{array}{l} OB = A_0\,\Omega\cos p\,\alpha' - \mathcal{L}\,\Omega\,I_{eff},\ \text{avec :} \\[2mm] \dfrac{\Phi_{p\,max}}{2}\,\dfrac{n_2}{\pi p}\cos p\,\alpha' = A_0\,\Omega\cos p\,\alpha' = a\,I_{eff}\,\Omega\cos p\,\alpha'. \end{array} \right.$$

Remarquons, qu'à couple constant et à calage des balais variable, le point D se déplace sur une courbe, facile à construire de coordonnées :

$$\alpha\,I_{eff}\,\Omega\cos p\,\alpha' - \mathcal{L}\,\Omega\,I_{eff} \quad \text{et} \quad R\,I_{eff},\ \text{avec}\ \frac{C_m}{B} = C^{te} = I'_{eff}\sin p\,\alpha'$$

Pour avoir l'expression graphique de $E_{x_{\text{eff}}}$, il suffit donc, ayant choisi I_{eff} et $\cos p\,\alpha'$, de mener :

$$z\,I_{\text{eff}} = OT \quad (\text{fig. 69})$$

de prendre :

$$OB = A_0\,\Omega\cos p\,\alpha'$$

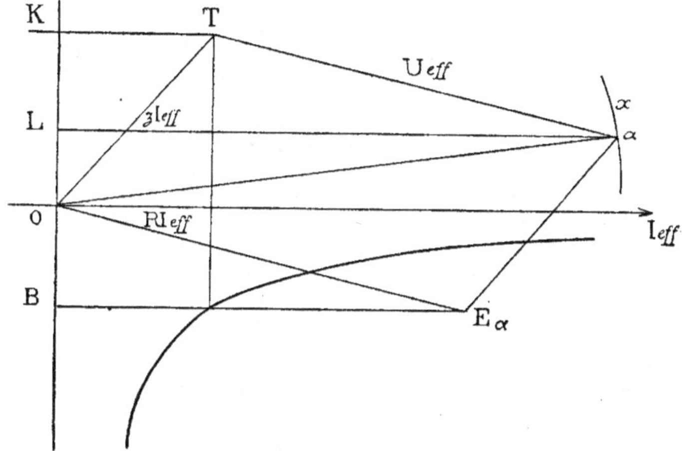

Fig. 69. — Diagramme de fonctionnement du moteur-série asynchrone
fonctionnant sous courants alternatifs.

et de construire l'intersection du cercle de rayon U_{eff} et de centre O avec $L\alpha$, menée à une distance de O telle que $OL = OB - OK$. Pour que U soit en phase avec I, il suffit que :

$$OB = \mathcal{L}\Omega I_{\text{eff}},$$

c'est-à-dire que :

$$\mathcal{L}\Omega I_{\text{eff}} = \frac{\Phi_{p\,\max}}{2}\,\frac{n_2}{\pi p}\,\Omega\cos p\,\alpha',$$

ou bien :

$$a\,\frac{I_{\text{eff}}}{2}\,\frac{n_2}{\pi p}\,\Omega\cos p\,\alpha' = \mathcal{L}\Omega I_{\text{eff}},$$

ou enfin, b étant une nouvelle constante :

$$b\cos p\,\alpha' = \mathcal{L}\Omega,$$

d'où :

$$\cos p\,\alpha' = \frac{\mathcal{L}\,\Omega}{b}.$$

Donc :

$$\sin p\,\alpha' = \sqrt{\frac{b^2 - \mathcal{L}^2\,\Omega^2}{b^2}},$$

et par conséquent, en adoptant ce calage de balais ($\cos p\,\alpha'$ faible, c'est-à-dire $p\,\alpha'$ voisin de 90° (balais calés presque sur les axes inter-

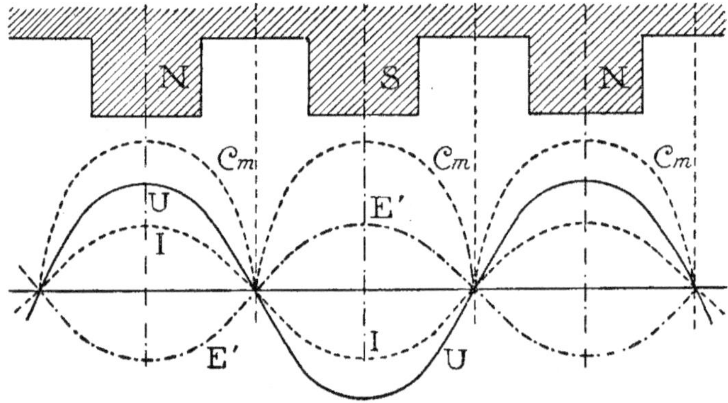

Fig. 70. — Situations respectives relatives des tensions f.é.m., courant et couple dans un moteur-série fonctionnant en courants alternatifs. Calage des balais sur les axes interpolaires.

polaires), on aura surtout, sinon uniquement, affaire à la composante dynamique de la force électromotrice (fig. 70).

Celle-ci est intéressante, car elle est proportionnelle à la vitesse, comme dans une machine ordinaire à courant continu, au moins à excitation constante (dans le temps).

Au démarrage, on pourra évidemment aussi laisser calés les balais sur les axes interpolaires, les I dans ce cas étant assurés par le passage du courant principal dans l'induit par le moyen des balais.

C'est là un réel avantage sur le moteur à répulsion ordinaire.

Conformément à ce que nous avons dit plus haut, on peut donc admettre qu'en pratique U et I sont à peu près en phase, ainsi que E'. On pourra donc, sous le bénéfice des hypothèses faites plus haut, adopter les graphiques ci-dessus (fig. 70), pour représenter les divers éléments électriques de fonctionnement du moteur. Il n'était néanmoins pas inutile de passer par l'analyse qui précède pour arriver à cette conclusion simple (1).

Théorie simplifiée du fonctionnement du moteur série (calage des balais sur les axes interpolaires).

On voit immédiatement qu'on peut, dans ce cas, utiliser les moteurs à courant continu, avec feuilletage poussé le plus loin possible de l'induit et de l'inducteur, car les courants s'inversant à la fois dans l'induit et dans l'inducteur, l'expression du couple instantanée

$$KI\Phi_p = C_m$$

conservera une valeur déterminée quand I et Φ_p seront commutés ensemble.

Cette classe, en y adjoignant le moteur shunt, constitue le groupement dit des moteurs à courant continu, type modifié pour fonctionnement en courant alternatif.

Fonctionnement dynamique du moteur série. — Les équations caractérisant le fonctionnement du système, dans ce cas, sont toujours :

$$\begin{cases} U = E' + RI + \mathcal{L}\dfrac{dI}{dt} \\ C_m = C_r = (\Phi_p)_{\text{moy}} = KI_{\text{eff}}^2 \end{cases}$$

si l'on marche dans la première région de la courbe de magnétisme, ce qui est en général le cas :

$$E' = ANn\Phi_p = aNnI,$$

A et a étant des constantes.

Il résulte de ces équations très approchées $\left(p\,\alpha' = \dfrac{\pi}{2}\right)$ que les quantités E' et I peuvent être considérées comme en phase.

Si l'on veut rattacher cette théorie à celle que nous avons donnée des moteurs à collecteur, on remarquera que, les quantités affectées

---

(1) Suivant le calage adopté, à droite ou à gauche des lignes neutres, la composante dynamique de la f. e. m. est décalée à 90° en avant ou en arrière de I_{eff} sur le diagramme circulaire.

de l'indice 2 étant toujours relatives au rotor, nous aurons ici

$$I = I_2$$

I étant le courant principal. D'où la relation géométrique précédente,
I_{eff} étant donné par l'équation :

$$C_r = KI^2_{eff}$$

et comme R et $\mathcal{L}\Omega$ sont connus, le triangle A B C est connu. On voit
que N est déterminé pour chaque valeur de C.

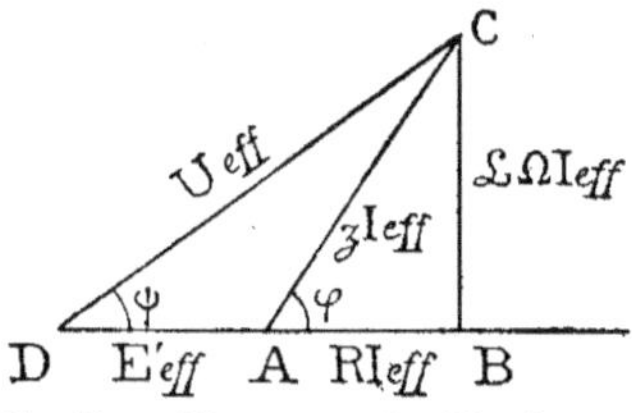

Fig. 71. — Diagramme simplifié de fonctionnement du moteur asynchrone série à collecteur (calage des balais sur les axes interpolaires).

Le moteur est largement et essentiellement asynchrone. Il est, à certains inconvénients près, tout à fait comparable au même moteur alimenté en courant continu. C'est ce qui explique qu'il n'ait jamais été complètement abandonné pour la traction et qu'il ait aujourd'hui regagné dans ce domaine, à la suite de divers perfectionnements, une extrême faveur.

Inconvénients.

a) Caractère pulsatoire du couple.

b) Affaiblissement et distorsion du champ inducteur par le champ d'induit.

c Force électromotrice parasite induite par le champ oscillant créé par la bobine court-circuitée, lors de la commutation.

d) Décalage de I sur U.

Le premier défaut est impossible à éviter : il est inhérent à la nature de la machine, comme dans le cas d'une machine à vapeur du reste, ou d'un moteur électrique, synchrone ou asynchrone.

Remarque. — En appelant toujours z l'impédance du moteur (induit et inducteur en série)

$$z = \sqrt{R^2 + \mathcal{L}^2\Omega^2}$$

et en remarquant d'autre part que :

$$E'_{eff} = AI_{eff}N$$

A étant fixe quand on adopte une valeur donnée des tours excitateurs (position donnée de la manette de shuntage dans le cas général) on voit que les vecteurs

$$\overline{DA} = AI_{eff}N$$

et

$$\overline{AC} = zI_{eff}$$

seraient proportionnels, si N était constante et égale à No, vitesse à vide.

Par conséquent, comme :

$$C_{r\,moy} = C_{m\,moy} = KI'_{eff},$$

il résulte que, pour une valeur donnée de I_{eff}, l'on a une valeur donnée du couple et une position donnée du point A. La direction AD étant fixée et connaissant U, on peut achever le diagramme.

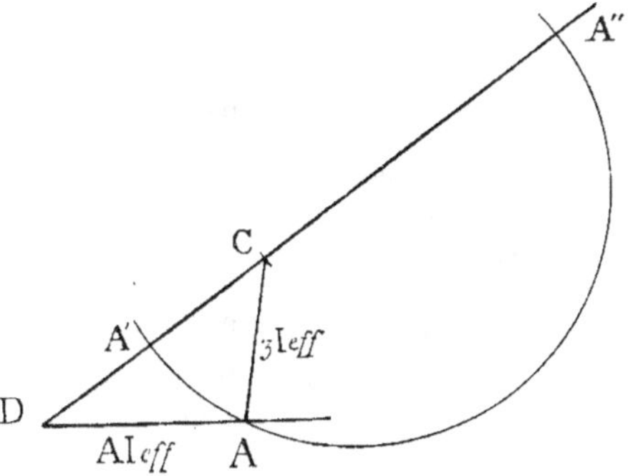

Fig. 72. — Moteur asynchrone série à collecteur sous courant alternatif.
Déformation du diagramme quand l'intensité, donc le couple, varient.

A tension constante ($U_{eff} = C^{te}$), le lieu du point A, si N était constante (lieu des points dont le rapport des distances à deux points fixes est constant), serait un cercle ayant son centre sur DC et ayant pour diamètre la distance qui sépare les deux points A′ et A″ situés sur DC, et partageant cette droite en segments tels que :

$$\frac{A'C}{A'D} = \frac{A''C}{A''D} = \frac{A}{z}.$$

En englobant dans A la constante N_o, on verra aisément que le triangle DCA reste semblable à lui-même, quand I_{eff} varie, et que le rapport des vitesses en charges et à vide est donné par le rapport de la tension U_{eff}, à la longueur CD, d'où la caractéristique électro-mécanique N (I_{eff}).

On peut remarquer, à ce point de vue, l'influence bienfaisante d'un moteur série à collecteur branché, à vide ou non, sur un réseau pourvu d'un facteur de puissance défavorable.

E'_{eff} correspond en effet à une véritable chûte de tension wattée ou ohmique.

On voit aisément dans ce cas que le décalage du réseau, primitivement égal à φ, devient, après addition du moteur, égal à $\varphi' < \varphi$, c'est-à-dire à une quantité plus petite.

L'expression

$$\frac{E'_{eff}}{I_{eff}}$$

joue dans ce cas le rôle d'une résistance ohmique supplémentaire disposée sur le réseau.

RÉACTION D'INDUIT

L'étude des deuxième et troisième défauts nécessite un rappel de principes bien connus et constamment utilisés dans l'étude des dynamos à courant continu (1).

Induction due au stator seul. — Imaginons un moteur ordi-

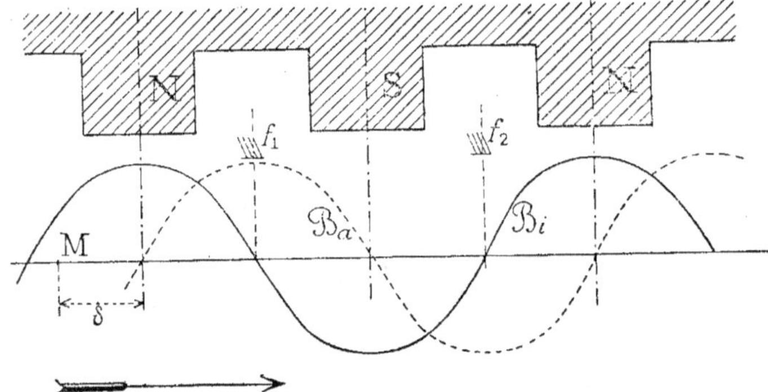

Fig. 73. — Distribution dans l'entrefer des inductions propre d'inducteur et propre d'induit. Machine à courant continu.

---

(1) Le lecteur se reportera avec avantage pour l'étude de la réaction d'induit à notre Cours municipal d'Electricité industrielle. 1re partie : Courants continus, et 2e partie : Courants alternatifs. Geisler, éditeur à Paris.

naire avec la représentation classique de l'induction dans l'entrefer, comme ci-dessus (fig. 70).

Soient les balais calés sur la ligne neutre. On sait que, dans ce cas, les pôles d'induit sont sur les axes interpolaires ; le sens de marche de la machine étant représenté par la flèche, β_a représente les inductions dues à l'induit considéré comme existant seul.

La seule différence avec les moteurs à courants continus réside dans ce fait que les ordonnées des courbes β_i et β_a varient concurremment dans le temps.

On a, en effet :

$$\beta_i = \beta_i^{\circ} \cos \Omega t$$

en un point M, en appelant β_i° la valeur maxima que l'induction en M est susceptible d'acquérir, quelle que soit la représentation de l'induction dans l'entrefer (courbe se rapprochant plus ou moins de la forme sinusoïdale).

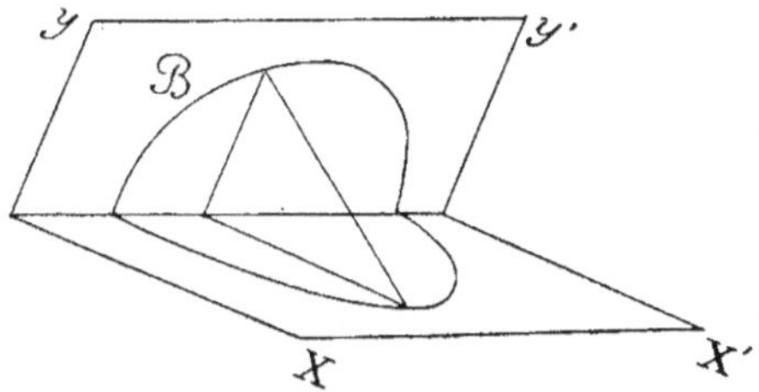

Fig. 74. — Mode de représentation projective des valeurs en fonction du temps des ordonnées de la courbe d'induction dans l'entrefer d'un moteur asynchrone à collecteur.

Les formes successives de la courbe, aux divers instants, sont telles que leurs ordonnées restent proportionnelles.

Si le courant inducteur est sinusoïdal, on pourra très facilement se représenter le mode de variation des diverses valeurs de l'induction dans l'entrefer, en supposant dessinée la courbe de ces inductions sur un plan XX' tournant avec la vitesse angulaire Ω et se projetant suivant la courbe du plan $y\,y'$ de notre figure 74.

On ne peut rien dire à priori sur la forme de la courbe des

$$\mathfrak{B}i^{\circ} = \mathfrak{B}i^{\circ} \sin p\delta$$

du plan XX', la valeur $\mathfrak{B}_i^{\circ}$ représentant l'induction à l'instant considéré au point d'induction maxima.

Si l'on s'adresse à des pôles continus bobinés (anneau Gramme pour le stator comme pour le rotor), on peut supposer, sans trop d'invraisemblance, la courbe sinusoïdale dans l'entrefer. Si l'on utilise des pôles saillants, comme ceux des machines à courants continus, ou même comme ceux de certains moteurs asynchrones à collecteurs primitifs, on obtient une courbe se ramenant presque à

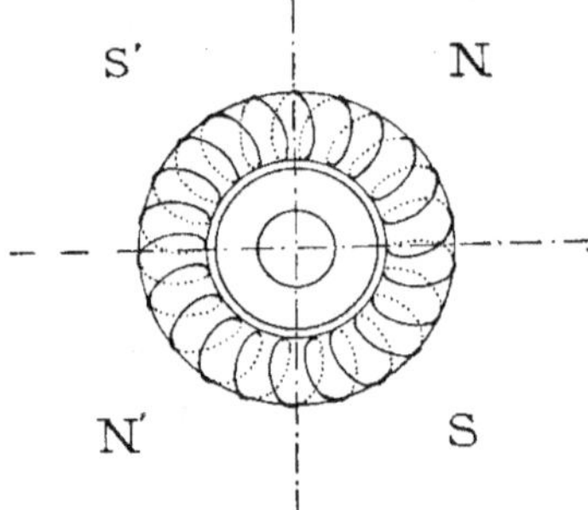

Fig. 75. — Moteur asynchrone à collecteur, avec anneau Gramme au stator.

une série de paliers, d'ordonnées successivement $>$ ou < 0 (au moins dans le cas de l'enroulement théorique à un conducteur par pôle et par phase).

Nous pourrons donc distinguer deux cas :

1° Celui, tout théorique, de moteurs à pôles bobinés (ou lisses), avec induction en un point variant suivant le mode sinusoïdal dans l'entrefer (fig. 75).

$$\beta_i = \beta_i' \sin p\delta = \mathfrak{B}_i' \sin p\delta \cos \Omega t,$$

$\mathfrak{B}^0_i$ étant la valeur de l'induction pour :

$$\cos \Omega t = 1,$$

en prenant pour origine des espaces, le zéro d'une courbe d'induction.

2° Le cas où l'enroulement du stator est analogue à celui des moteurs asynchrones ordinaires (induction constante dans l'espace à l'intérieur d'une bobine, dans le cas de l'enroulement théorique à un conducteur par pôle et par phase).

Remarquons que conformément à nos hypothèses, les β_i en chaque point sont maxima quand le repère des positions de U et de I, rapportés aux positions d'un conducteur, est devant un axe polaire.

Champ d'induit. — Il se manifeste, de même, par le développement d'une induction dans l'entrefer, le maximum (pôle d'induit) se trouvant en quadrature avec les pôles du stator (calage sur la ligne neutre).

Mais il naîtra au collecteur, comme dans tous les cas bien connus analogues à celui-ci, des étincelles qu'il convient de supprimer.

Position de calage sans étincelles. — On peut, comme dans le cas des machines à courants continus, chercher la position de calage sans étincelles, au moins en première approximation, en déterminant le point d'induction $\mathfrak{B}'$ résultante nulle.

En particulier, et sans restriction pour le premier mode de pôles (distribution sinusoïdale de l'induction dans l'entrefer) :

$$\beta_i = \mathfrak{B}_i \cos\Omega t = \mathfrak{B}'_i \sin p\delta \cos\Omega t,$$
$$\beta_a = \mathfrak{B}^\circ_a \sin p\delta' \cos\Omega t,$$

avec

$$\delta' = \delta - \frac{\pi}{2p},$$

Donc :

$$\beta_a = -\mathfrak{B}^\circ_a \cos p\delta \cos\Omega t.$$

On aura la position de calage α optimum par la relation suivante, en remarquant que la courbe des $\mathfrak{B}_i$ ne se déplace pas et que celle des $\mathfrak{B}_a$ se déplace d'un angle α en avant ou en arrière, quand on décale les balais :

$$\mathfrak{B}'_i \sin p\delta \cos\Omega t - \mathfrak{B}^\circ_a \cos p\delta \cos\Omega t = 0,$$

d'où α, quand on fait dans cette égalité :

$$\alpha = \delta.$$

On voit que cette position est indépendante de la forme du courant.

Cependant, il faut rappeler que la théorie ne tient pas compte de la tension de réactance, qui est évidemment périodique et oscillante, car elle est fonction linéaire du courant d'induit. Sa valeur est en effet :

$$\frac{l'i_a}{\theta},$$

l' = self-induction de la section commutée
i_a = courant dans cette section
θ = temps de la commutation
Ceci posé, on peut obvier au deuxième et troisième défaut, qui n'en

font qu'un, car le champ d'induit est dû à la self-induction d'induit, en créant un champ compensateur destiné à supprimer ledit champ d'induit.

Compensation. — On supprime le champ d'induit, par un champ équivalent $N'_a\ N'_b$, de polarité opposée, constitué par des

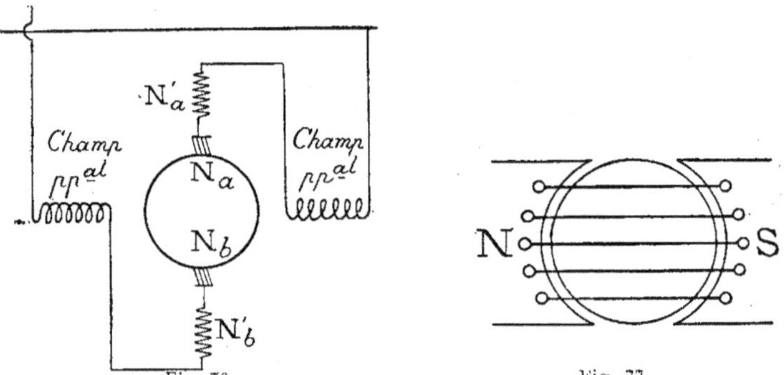

Fig. 76.   Fig. 77.

Moteur série asynchrone à collecteur. Système inducteur auxiliaire ou compensateur des pôles d'induit. Excitation auxiliaire empruntée au courant principal.

enroulements plans parallèles aux axes polaires, donc perpendiculaires à l'axe polaire fictif d'induit (fig. 76 et 77).

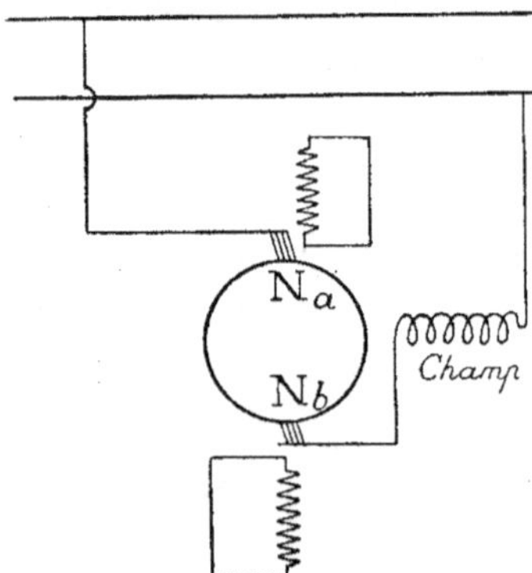

Fig. 79. — Moteur série asynchrone à collecteur. Système inducteur auxiliaire compensateur des pôles d'induit. Excitation en court-circuit.

Ces enroulements montés sur les pièces polaires sont, ou bien parcourus par le courant principal, ou bien fermés sur eux-mêmes :

1er *dispositif* : Steinmetz, Eickemayer.

2e *dispositif* : Henbach.

L'enroulement en court-circuit joue le rôle du secondaire d'un transformateur. Comme cette analogie le fait prévoir, la compensation sera d'autant meilleure que les enroulements induit et compensateur s'embrasseront plus étroitement, de façon à ne plus laisser place qu'à la production d'un flux différentiel le plus petit possible.

Conditions pratiques de bon fonctionnement d'un moteur compensé. — On conçoit qu'une fois le moteur compensé, le stator agissant, au point de vue inductance, à peu près seul, il y ait intérêt à diminuer

1° La pulsation du réseau,

2° L'entrefer,

Pour un même effet utile au point de vue au flux créé.

Un nombre d'ampères-tours sur l'inducteur plus petit peut suffire, d'où diminution de la self-induction.

Enfin, il convient de substituer, autant que possible, sur le stator, aux pôles saillants, des pôles bobinés continus, ce qui est bien meilleur au point de vue de la répartition des inductions dans l'entrefer, dont les variations dans l'espace sont ainsi supprimées, ou du moins très atténuées.

Décalage. — Celui-ci ne dépend plus que de la self-induction du stator, puisque nous avons détruit celle du rotor par un enroulement compensateur, au moins théoriquement parfait.

Retour au diagramme général. — Le diagramme général de la première figure de cette étude (fig. 66), peut donc servir sans la moindre ambiguité dans le cas du moteur compensé, en appelant $\Phi_{p\,\text{eff}}$ le flux qui s'échappe d'un pôle, I_eff le courant qui passe dans un conducteur et en posant :

$$\begin{cases} E'_\text{eff} = \dfrac{p}{p_1} N\,n\,\Phi_{p\,\text{eff}} \\[2ex] C_m = \dfrac{p}{p_1} \dfrac{n}{2\pi} I_\text{eff}\,\Phi_{p\,\text{eff}}, \end{cases}$$

p_1 et p désignant respectivement les nombres de circuits en parallèle sur l'induit, et de paires de pôles.

Quant à $\mathcal{L}$, coefficient de self-induction, il a pour valeur, en unités C.G.S :

$$\frac{4}{10}\,\pi\,n n_1\,\mu_{moy}\,S.$$

S, section du fer du stator, μ_{moy}, induction moyenne dans celui-ci, n et n_1, nombres de spires total et par unité de longueur (cm), de l'anneau-stator.

ÉTUDE DÉTAILLÉE DU MOTEUR SÉRIE

Ayant ainsi démontré l'existence d'un champ résultant donnant dans l'entrefer une induction résultante de β_i et β_a, soit la suppression du champ d'induit dans le moteur compensé, considérérons cette induction β définitive dans l'entrefer.

Supposons les balais sur les lignes neutres. Le couple théorique, c'est-à-dire non diminué du couple de frottement, est pour une section entre balais (fig. 79) :

$$C_{th} = L\,\frac{D}{2}\,I\left(\beta_1 + \beta_2 + \dots + \frac{\beta_{n2}}{2p}\right),$$

Fig. 79. — Constitution du couple d'un moteur asynchrone série à collecteur.

I est défini par la position de son index. Quand I est maximum, tous les β le sont.

$$C_{th} = L\,\frac{D}{2}\,I\cos\Omega t\,\mathcal{B}_{max}\left[\sin p\delta_1 + \sin\left(p\delta_1 + \frac{2\pi p}{n_2}\right) + \dots\right],$$

δ_1 est l'angle définissant la position du conducteur (1)

En effet, s'il est vrai que l'induit se déplace, il n'en est pas moins vrai que, entre $f_1 f_2$, se trouvent toujours $\dfrac{n_2}{2p}$ conducteurs, (fig. 79).

L'angle δ_1, que fait le premier avec l'axe de f_1', oscillant entre

$$0 \text{ et } \frac{2\pi}{n_2},$$

c'est-à-dire étant toujours faible, (n_2 très grand), et ne faisant qu'onduler légèrement la valeur du couple.

La somme de la série trigonométrique entre crochets a sensiblement pour valeur :

$$A = \frac{\sin \frac{\pi}{2}}{\sin \frac{p\pi}{n_2}} \sin \left(p\delta_1 + \frac{\pi}{2} \right).$$

Or, comme $\sin \frac{p\pi}{n_2}$ est toujours faible, on peut remplacer le sinus par l'angle, d'où :

$$A = \frac{n_2}{p\pi} \cos p\delta_1,$$

De même, $\cos p\delta_1$ est voisin de 1, puisque $p\delta_1$ oscille entre 0 et $\frac{2\pi}{n_2}$

$$A = \frac{n_2}{p\pi}.$$

Donc :

$$C_{th} = \frac{LD}{2} I_{max} \mathfrak{B}_{max} \frac{n_2}{p\pi} \cos^2 \Omega t.$$

Pour $2p$ sections à couples concordants, nous aurons :

$$C'_{th} = 2p\, C_{th} = \frac{LD}{2} I_{max} \mathfrak{B}_{max} \frac{2n_2}{\pi} \cos^2 \Omega t$$

et un couple moyen :

$$C_{moy\ th} = \frac{LD}{2} I_{max} \mathfrak{B}_{max} \frac{n_2}{\pi},$$

$$C_{moy\ th} = \frac{n_2}{2} LD . \frac{2}{\pi} I_{eff} \mathfrak{B}_{eff}.$$

Mais $\frac{2}{\pi} \mathfrak{B}_{eff}$ représente la valeur moyenne, par rapport à l'espace, des $\mathscr{B}_{\text{eff}}$, pris par rapport au temps, dans la section entre balais (induction efficace en chaque point de la courbe $\mathscr{B}$ dans le plan XX', fig. 74). Donc, il suffit de connaître la valeur moyenne des ordonnées β à un certain moment (soit t cet instant), soit pour la distribution sinusoïdale dans l'espace (plan yy', fig. 74) :

$$\beta_{\text{moy}} = \frac{2}{\pi}\,\beta_{\text{max}} = \frac{2}{\pi}\,\mathscr{B}_{\text{max}}\cos\Omega t$$

et de la transporter dans l'équation précédente.

Autrement. — Le couple, dans une section entre balais, a pour expression :

$$C_{\text{th}} = \frac{LD}{2}\,I_{\text{max}}\cos\Omega t\,\mathscr{B}_{\text{moy}}\cos\Omega t\,\frac{n_2}{2p},$$

En appelant $\mathscr{B}_{\text{moy}}$ la valeur moyenne, prise par rapport à l'espace des inductions $\mathscr{B}$ (plan yy', fig. 74), c'est-à-dire, en négligeant l'ondulation due à la variation de δ_1 :

$$C_{\text{th}} = \frac{LD}{2}\,I_{\text{max}}\,\mathscr{B}_{\text{max}}\,\frac{2}{\pi}\cos^2\Omega t\,\frac{n_2}{2p},$$

ou encore :

$$C_{\text{th moy}} = \frac{LD}{2}\,I_{\text{max}}\,\mathscr{B}_{\text{max}}\,\frac{2}{\pi}\,\frac{n_2}{2p}\times\frac{1}{2},$$

et pour $2p$ sections :

$$C'_{\text{moy th}} = \frac{LD}{2}\,n_2\,\frac{2}{\pi}\,\frac{I_{\text{max}}\,\mathscr{B}_{\text{max}}}{2}$$

$$= LD\times\frac{n_2}{\pi}\,I_{\text{eff}}\,\mathscr{B}_{\text{eff}}$$

$$= LD\,\frac{n_2}{2}\,\beta_{\text{eff}}\,I_{\text{eff}}.$$

Car

$$\beta_{\text{eff}} = \mathscr{B}_{\text{eff}}\,\frac{2}{\pi}.$$

Nous avons donc :

$$C'_{\text{moy th}} = \frac{LD}{2}\,n_2\left(\frac{2}{\pi}\,\mathscr{B}_{\text{eff}}\right)I_{\text{eff}} = \frac{LD}{2}\,n_2\,\beta_{\text{eff}}\,I_{\text{eff}}$$

$\mathfrak{B}_{max}$ correspondant dans le temps à l'instant $t = 0$ et dans l'espace à l'axe polaire, c'est-à-dire, comme :

$$\frac{2}{\pi}\,\mathfrak{B}_{eff} = (\mathfrak{B}_{eff})_{moy}$$

$$(\mathfrak{B}_{eff})_{moy} = \frac{\dfrac{\Phi_{p\,max}}{\sqrt{2}}}{\dfrac{\pi DL}{2p}},$$

$\Phi_{p\,max}$ étant la valeur maxima (dans le temps) du flux s'échappant d'un pôle.

Donc :

$$(\mathfrak{B}_{eff})_{moy} = \frac{2p\,\Phi_{p\,eff}}{\pi DL},$$

et enfin :

$$C'_{moy\,th} = \frac{LD}{2}\,n_2\,\frac{2p\,\Phi_{p\,eff}}{\pi DL}\,I_{eff}$$

$$C'_{moy\,th} = \frac{pn_2}{\pi}\,\Phi_{p\,eff}\,I_{eff}.$$

Nous conserverons cette expression, évidemment intéressante, du couple moteur série, comme valable dans le cas d'une distribution sinusoïdale de l'induction dans l'entrefer. Elle ne suppose pas, on le constatera aisément, que le courant de stator varie dans le temps suivant la loi sinusoïdale.

REMARQUE. — Si l'on établit une correspondance entre le couple du moteur série à courant continu, de même courant décélé aux appareils :

$$I_c = I_{eff}$$

et de même flux :

$$\Phi_p = \Phi_{p\,eff},$$

L'on a, comme on sait dans le cas du courant continu, n désignant le nombre de conducteurs actifs d'induit :

$$C_m = \frac{n}{2\pi}\,\frac{p}{p_1}\,\Phi_p i_a,$$

$\jmath a$ étant le courant de ligne, dans le cas d'un moteur bipolaire :

$$i_a = 2\jmath_a,$$

et i_a le courant dans chaque section.

On généraliserait sans aucune difficulté cette remarque dans le cas de moteurs multipolaires.

Donc, si :

$$\begin{cases} \Phi_p = \Phi_{p\,\text{eff}} \\ i_a = 2\jmath_a = 2I_{\text{eff}}, \end{cases}$$

Nous aurons

$$C_{\text{moy}} = \frac{pn_2}{\pi}\,\frac{i_a}{2}\,\Phi_p.$$

Les expressions du couple sont donc les mêmes pour le moteur série à courant continu et à courant alternatif, à savoir :

$$\begin{cases} C_m = \dfrac{n}{\pi}\,\dfrac{p}{p_1}\,\Phi_p \jmath_a, \\[2mm] C_{\text{moy}} = \dfrac{n_2}{\pi}\,\dfrac{p}{p_1}\,\Phi_{p\,\text{eff}}\,I_{\text{eff}}. \end{cases}$$

LES MOTEURS A RÉPULSION EN PRATIQUE

Conditions pratiques de réalisation du moteur à répulsion. — On peut concevoir ce moteur comme un système de deux aimants, mobiles l'un par rapport à l'autre, les polarités de l'aimant mobile, dont la constitution est incessamment variable, étant maintenues par le jeu des balais.

Au démarrage, le courant induit dans le rotor est presque en opposition de phase avec celui du stator.

Cette tendance à l'opposition de phase des courants (circonstance favorable) est accrue par un faible entrefer et une petite résistance (par rapport à la réactance) du rotor.

Cependant, à mesure que la vitesse croit, la tendance à l'opposition des phases diminue, et aussi le couple moteur.

Moteur Thomson à pôles saillants. — L'emploi de cette disposition conduit à une mauvaise utilisation de la matière. Si on représente graphiquement la répartition des β_t et β_a, qu'il y aurait intérêt à avoir encore dans ce cas presque décalés à 180°, on voit que le décalage est beaucoup plus grand avec l'emploi de pôles lisses qu'avec des pôles saillants.

La supériorité réelle des pôles lisses consiste dans la possibilité de réalisation d'un champ tournant presque parfait, provenant de l'action combinée du champ primaire et du champ secondaire, et dont l'effet est d'atténuer le décalage de I_1 et I_2 et de diminuer la production d'étincelles aux balais.

Comparaison avec le moteur série. — On peut signaler, à l'actif du moteur série, la suppression du champ d'induit et la compensation, et à son passif, ce fait que le collecteur travaille en charge, d'où usure rapide.

Moteur à répulsion Atkinson. — Intermédiaire entre les moteurs à répulsion ordinaires et les moteurs série.

Considérons un moteur série ordinaire. Le courant est amené au rotor par des balais, c'est-à-dire par une connexion matérielle (fig. 80).

On peut, au lieu de cela, induire dans le rotor séparé du réseau,

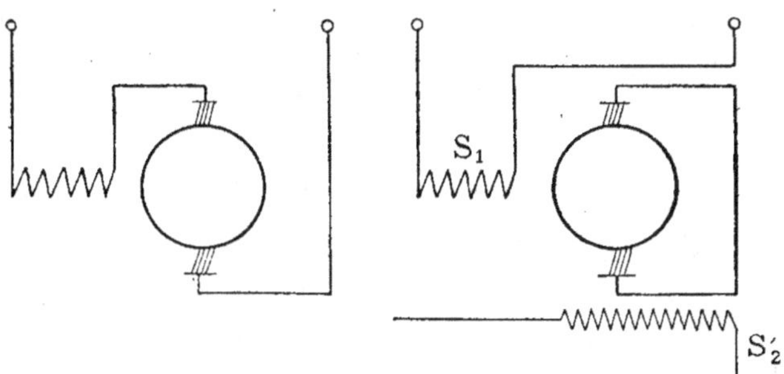

Fig. 80.. — Schéma du moteur synchrone série à courants alternatifs.   Fig. 81. — Schéma du moteur asynchone à répulsion compensé Atkinson.

un courant destiné à remplacer le courant d'alimentation de la figure 80.

Atkinson, dispose en outre de l'enroulement S_1 du stator (perpendiculaire à la position normale des balais) un champ S_2 dirigé suivant la ligne des balais (fig. 81).

Alimentation de S_2 par du courant alternatif de même périodicité.

1er DISPOSITIF. — Même fonctionnement que pour le moteur à répulsion ordinaire, champ polaire compensateur variable et réglable, mais d'axe aligné par rapport à l'axe des balais. Ce second champ peut être excité en série ou en dérivation par le rapport au premier.

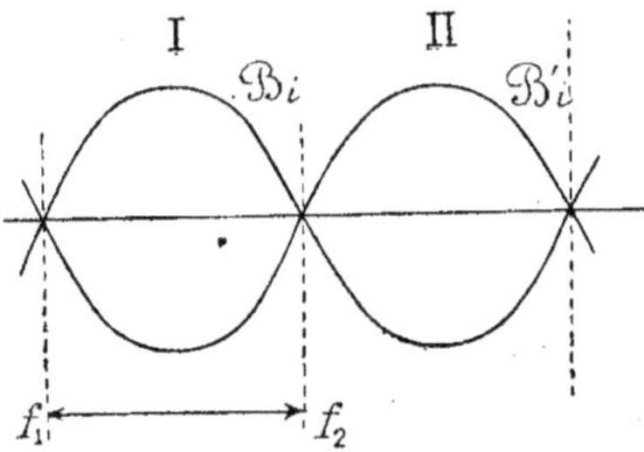

Fig. 82. — Renversement du sens de marche dans un moteur Atkinson sans manœuvre de balais.

On peut opérer le renversement de marche, en inversant le courant dans l'un des enroulements sans toucher aux balais, ce qui est impossible avec les moteurs à répulsion ordinaires (fig. 82).

Un inconvénient assez grave de ce type de moteurs réside dans la complication présentée par l'inducteur-stator, au moins dans le cas

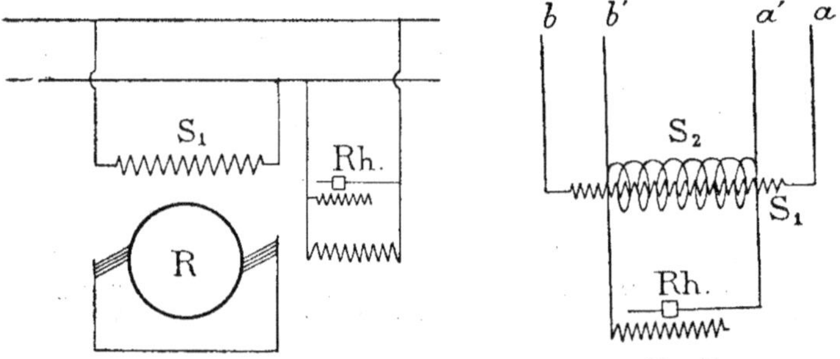

Fig. 83.   Fig. 84.
Moteur Atkinson avec champ complémentaire excité par la source.

des pôles bobinés (nécessité de deux enroulements distincts, dont un shunté par une résistance pour création de déphasage, fig. 83 et 84).

2e DISPOSITIF. — Enroulement en série avec l'armature. Il forme un circuit fermé. S_1 est connecté au réseau (fig. 86).

Ce dernier induit alors le courant d'armature et le courant de champ.

Le schéma ci-contre donne la représentation des inductions de stator dans l'entrefer quand un courant existe dans le rotor, ce qui nécessite, on le sait, ou un décalage de balais dans le cas général, ou ici

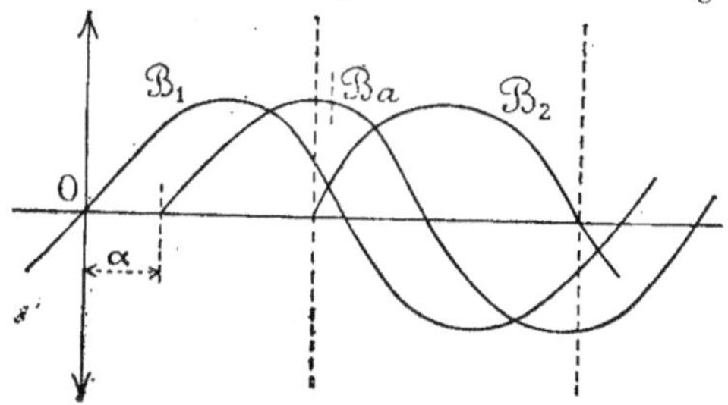

Fig. 85. — Moteur Atkinson avec champ complémentaire en série sur l'armature. Répartition des inductions sur l'entrefer.

et plus simplement, un champ supplémentaire à 90° pour l'induction β_2. L'induction résultante dans l'entrefer et représentée par β_a (fig. 85).

Dans le schéma précédent, si l'on fait $\alpha = 0$, on voit que β_2 est

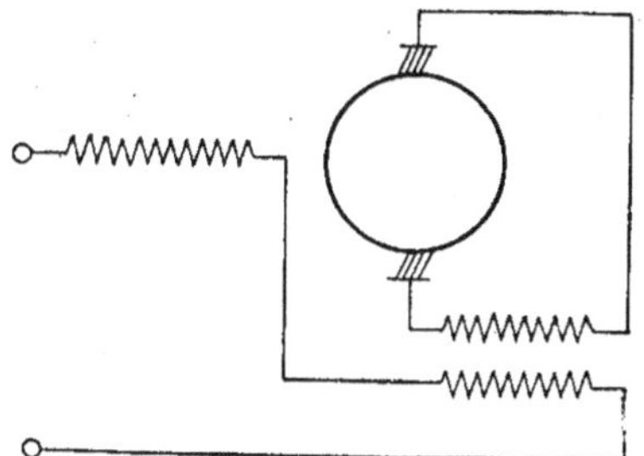

Fig. 86. — Moteur Atkinson avec champ complémentaire en série sur l'induit. Schéma des connexions.

en quadrature avec β_1, donc que β_2 ne fait que distordre le champ du stator sans le diminuer (1).

Le couple est ici meilleur qu'avec le premier dispositif, car les courants excitateurs général et complémentaire et le courant d'ar-

____

(1) Rappelons que les quantités β représentent les valeurs des inductions en un point de l'entrefer en fonction du temps.

mature peuvent être ramenés aux environs de la concordance de phase.

3ᵉ DISPOSITIF. — S_1 et S_2 en dérivation sur le réseau.

Balais court-circuités.

Mêmes inconvénients que pour le moteur shunt ordinaire:

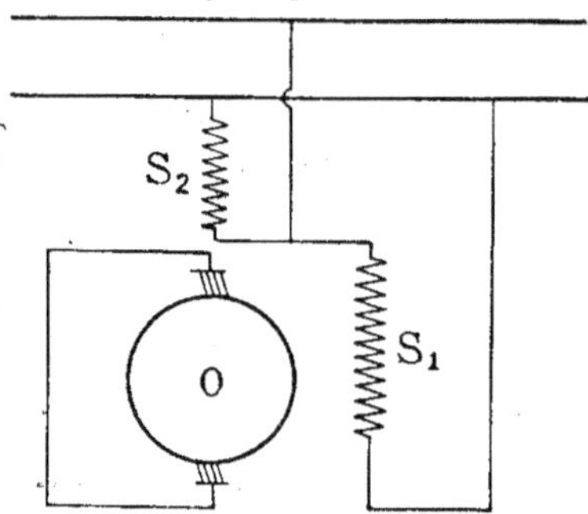

Fig. 87. — Moteur Atkinson avec champ complémentaire en dérivation sur le réseau.
Schéma des connexions.

(fig. 87) couple faible par suite du décalage (qui n'est voisin ni de 90° ni de 180°) du courant du rotor par rapport à celui du stator.

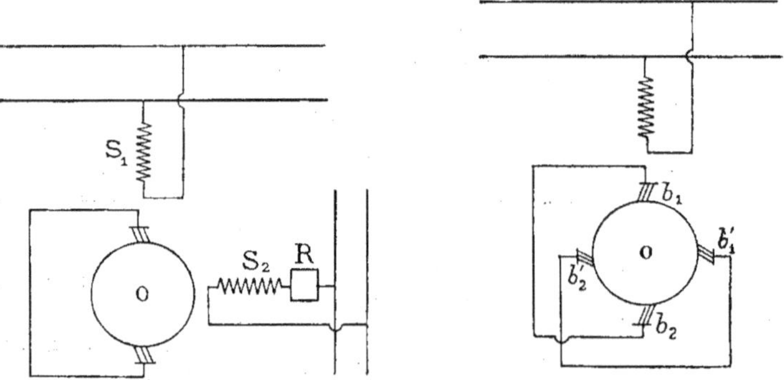

Fig. 88.   Fig. 89.
Moteur Atkinson avec tensions extérieures décalées ou lignes de balais supplémentaires
pour alimentation des champs inducteurs.

4° DISPOSITIF. — On peut, au moyen de tensions décalées à 90°, prises pour alimenter S_1 et S_2, réaliser un moteur dans lequel le déphasage entre le courant d'excitation et le courant d'armature, permet de réaliser un couple excellent (fig. 88).

5° DISPOSITIF. — Inducteur connecté à un réseau monophasé; deux paires de balais à 90°, naturellement court-circuitées (fig. 89).

Entre les balais b'_1 b'_2 circule un courant presque à 180° (en concordance de phase en valeur absolue) avec le courant primaire.

Cependant, démarrage impossible sans artifice. Atkinson propose cette disposition pour un moteur déjà mis en vitesse que l'on règle ensuite de cette façon.

AUTRES DISPOSITIFS. — Atkinson proposa, (et après lui Schuckert), d'effectuer la mise en marche du rotor au moyen du collecteur, comme un moteur ordinaire, et de court-circuiter ensuite des

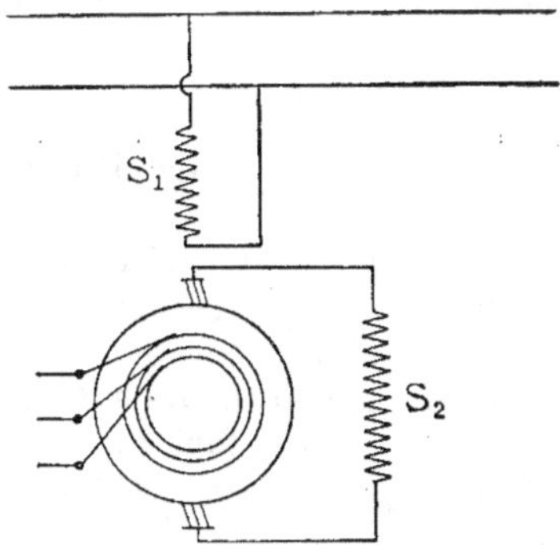

Fig. 90. — Démarrage d'un moteur à collecteur en moteur asynchrone ordinaire à bagues (Atkinson et Schuckert).

bagues adjointes à la machine quand la vitesse normale est obtenue (fig. 90).

Le moteur fonctionne ainsi en moteur asynchrone ordinaire. au démarrage, puis ensuite en moteur série à collecteur.

Un grand nombre d'autres dispositifs ont été proposés, dans le détail desquels nous n'entrerons pas.

Ce que nous avons dit, au cours de cette étude, des f.é.m. développées entre balais et entre bagues, permettra au lecteur de traiter aisément tous les cas possibles.

MOTEUR SHUNT

Ce moteur ne s'est pas répandu, car il participe, avec aggravation de ses défauts, aux propriétés du moteur shunt à courant continu (véritablement peu appréciable en traction).

Couple variant à peu près proportionnellement au courant d'induit, car $\Phi_{p\,\text{eff}}$ est dû au courant à peu près constant :

$$i_{\text{eff}} = \frac{U_{\text{eff}}}{\sqrt{R_s^2 + \mathcal{L}_s^2 . \Omega^2}}$$

$\mathcal{L}_s$, R_s relatifs au stator.

Autre inconvénient : le couple est proportionnel à :

$$I_{\text{eff}}, \qquad \Phi_{p\,\text{eff}}, \qquad \cos \Psi,$$

Ψ étant le décalage entre le courant d'induit et le courant d'excitation.

Ce décalage est évidemment fonction de la vitesse du moteur, car, en faisant abstraction pour simplifier, de la réaction d'induit, on peut considérer le stator comme constamment parcouru par les courants déwattés nécessaires à l'aimantation du système.

Au fur et à mesure que la puissance réclamée augmente, la proportion de courant watté absorbé par le stator augmente, c'est-à-dire que $\cos \Psi$ diminue.

Il ne faut donc pas espérer avoir un couple énergique avec un tel moteur. Il est seulement passable au démarrage.

L'avantage d'une vitesse pratiquement constante, appréciable dans le cas du continu, s'évanouit devant la supériorité des moteurs synchrones ou asynchrones ordinaires.

MOTEURS MIXTES

Principe. — Ce sont des moteurs dans lesquels le rotor est pourvu d'un enroulement fermé sur des balais, et est d'autre part en relation avec le réseau.

Pour caractériser pleinement ce nouveau type, revenons à notre conception de la f.é.m. entre balais.

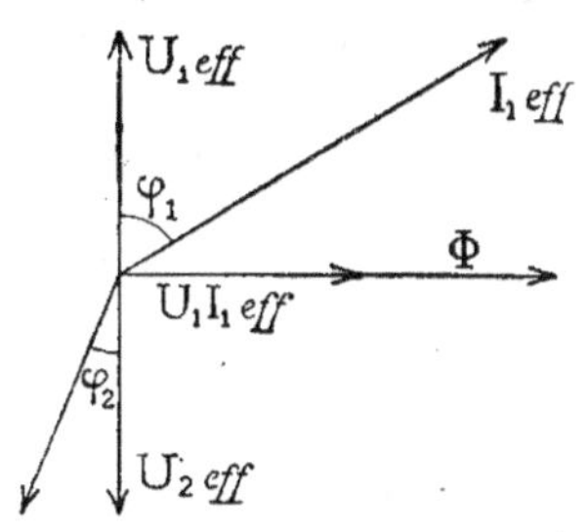

Fig. 91. — Situations respectives des flux, des tensions et des courants dans un moteur asynchrone.

Remarquons que, sur le diagramme, rien ne serait changé, si l'on confiait la production du flux Φ résultant, non à des (at) primaires, mais à des (at) secondaires, c'est-à-dire, si l'on considérait le moteur à répulsion ordinaire, comme constitué de trois parties (fig. 91) :

Le stator, alimenté par le courant de pulsation Ω ;

Le rotor, tournant à la vitesse $\omega' < \dfrac{\Omega}{p}$;

Et enfin un aimant tournant avec la vitesse $\omega = \dfrac{\Omega}{p}$ et produisant le flux tournant nécessaire pour le développement de puissance motrice au rotor.

Faisons provisoirement abstraction des balais, et supposons les remplacés par des bagues, donc tournant avec l'induit. Dans l'anneau-rotor, existent deux champs.

Le champ de pulsation $2\,\Omega$, ou mieux $\Omega + \Omega'$, ne fait qu'onduler les résultats. Le second champ, de pulsation $\Omega = \Omega'$ donne dans le rotor des courants de même pulsation.

Supposons récoltés ces derniers courants, et imaginons qu'ils servent à exciter l'induit.

Le flux, supposé matérialisé par la courbe des inductions dans l'entrefer, se déplace dans l'espace avec la vitesse :

$$\frac{\Omega - \Omega'}{p} + \omega' = \omega.$$

Donc, au point de vue de l'induction, tout se passe comme si, dans le transformateur équivalent à ce moteur asynchrone, le primaire recevait un flux excitateur Φ de forme sinusoïdale et de pulsation Ω.

Un tel moteur sera pratiquement réalisable, quel que soit l'artifice employé pour produire la rotation d'un aimant matériel équivalent à celui que nous venons de considérer.

Or, pour réaliser cette rotation, nous pouvons nous adresser à l'induit qui fournit une vitesse ω'. Faisons de plus naître dans cet induit des courants alternatifs de pulsation $\Omega - \Omega'$. Le flux produit tournera avec la vitesse

$$\left[\frac{\Omega'}{p} + \frac{\Omega - \Omega'}{p}\right] = \omega,$$

par rapport au stator, alors que les courants circulant dans l'induit n'ont que la pulsation

$$\frac{\Omega - \Omega'}{p}.$$

Cette explication n'est évidemment qu'approchée, mais elle nous montre que l'induit, considéré comme circuit magnétique indépendant, n'est parcouru que par des flux de pulsation $\Omega - \Omega'$, donc que sa réactance est de la forme $\mathcal{L}_2\,(\Omega - \Omega')$, c'est-à-dire très faible, notamment au voisinage du synchronisme.

Si l'on suppose le stator à circuit ouvert et le rotor parcouru par des courants tels que le flux alternatif Φ, de pulsation Ω dans le stator, soit créé, on voit que la réluctance incessamment variable du circuit magnétique constitué par une portion d'entrefer, une portion d'induit, une portion de stator, sera beaucoup plus faible que si le stator était chargé de constituer ce flux par ses enroulements propres embrassant alors le flux Φ (fig. 92).

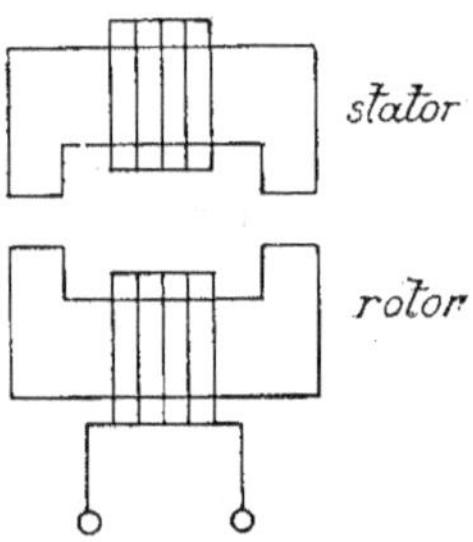

Fig. 92. — Constitution schématique d'un circuit magnétique de moteur asynchrone.

Si la section considérée du rotor était simplement réunie à des bagues et court-circuitée, on comprendrait assez bien la théorie précédente. La théorie relative aux moteurs mixtes réels se trouve beaucoup obscurcie par ce fait qu'aux bagues se trouvent substitués des balais, qu'à un circuit électrique rotor de constitution invariable entre bagues se trouve substitué un circuit de composition géométriquement variable entre balais fixes, et qu'on utilise par ce fait le courant de pulsation $\dfrac{\Omega - \Omega'}{p}$, du rotor pour l'exciter lui-même.

Pour assurer ce courant magnétisant confié au secondaire, les inventeurs ne court-circuitent plus les balais, mais établissent entre eux une certaine différence de potentiel U_2 convenable, empruntée au réseau, mais de pulsation Ω.

Un fait indéniable est que, si cette pratique entraîne de fortes étincelles aux balais (car on introduit un courant réel de pulsation Ω dans le rotor, où les courants induits entre bagues seraient de pulsation $(\Omega - \Omega')$ elle produit cependant un relèvement très sensible du facteur de puissance du moteur, φ_1 devenant presque égal à 0.

Alimentons les balais du rotor par une tension convenable U_2, due à un transformateur dont le primaire est parcouru par le courant primaire $I_{1\,\text{eff}}$, alors watté, si l'on supprime la composante déwattée de ce courant figurant au diagramme général (fig. 93).

Il faut un certain nombre

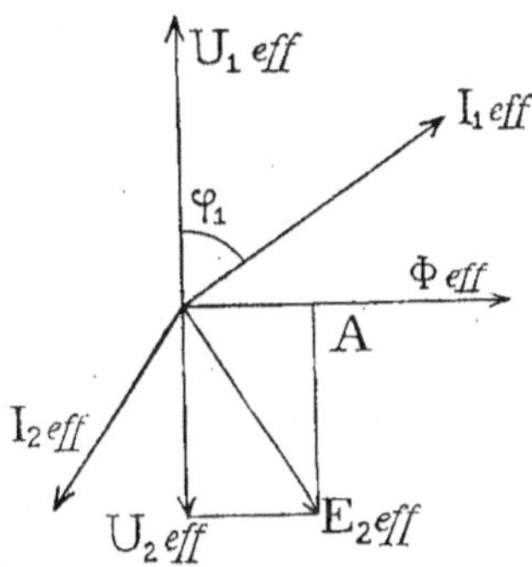

Fig. 93. — Situations respectives des flux, tensions, f.é.m. dans le moteur à collecteur type mixte.

d'(at) secondaires magnétisants :

$$OA = n_2 I^0_{2\,\text{eff}}$$

beaucoup plus petits que les (at) primaires correspondants $n_1 I_1{}^0{}_{\text{eff}}$. Les (at) $n_2 I_{2\,\text{eff}}dw$ seront produits par une tension U_2 à 90° en arrière de I_1 (et maintenant de U_1 par suite). Donc la f.é.m. $E'_{2\,\text{eff}}$ agissant dans le circuit sera donnée par $E'_{2\,\text{eff}}$ résultante de $E_{2\,\text{eff}}$ et $U_{2\,\text{eff}}$. On aura en même temps la nouvelle valeur $I'_{2\,\text{eff}}$ du courant à peu près décalé à 90° en arrière de $I_{2\,\text{eff}}dw$; l'angle φ de décalage de U_2 fournie et de I_2 résultant sera pratiquement égal à $\dfrac{\pi}{2}$. On constate en effet expérimentalement que, tandis que la création du flux magnétisant par le primaire nécessitait, même dans les très bons moteurs, une puissance magnétisante ou mieux apparente, qui n'était guère inférieure au 1/3 de la puissance vraie de pleine charge, ici la puissance wattée empruntée au réseau n'est que de 1 à 2 0/0 de cette même valeur.

Il est juste d'ajouter, et cette remarque constitue un réel hommage rendu aux inventeurs du moteur à répulsion, que l'on ne peut supprimer l'infériorité du primaire, au point de vue création des flux, qu'en mettant le maximum des β primaires en quasi-coïncidence avec les balais, c'est-à-dire en ne conservant l'induction primaire que pour la production du courant et non du couple.

Dispositifs divers. — M. Latour constitue son moteur par un anneau ordinaire avec collecteur, et tension supplémentaire branchée sur les balais (fig. 94).

M. Heyland réunit en outre les lames du collecteur par des shunts, de résistance convenablement calculée, de manière à améliorer la commutation, mais dont la présence modifie considérablement la machine, en substituant à l'induit de la précédente, un induit double constitué par une cage d'écureuil ou rotor en court-circuit, combiné avec un induit alimenté extérieurement (fig. 95).

Enfin M. Osmos constitue ses moteurs par des induits à collecteur et alimentation extérieure, avec deux paires de balais, les uns

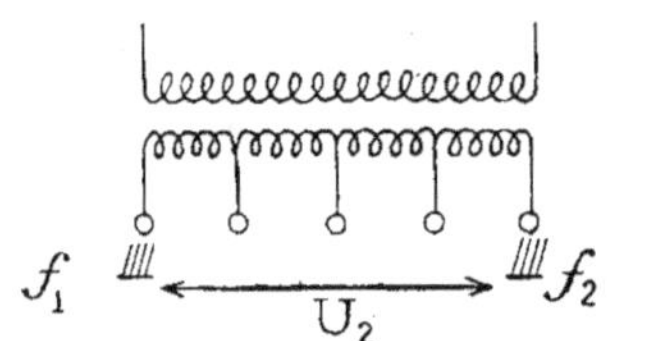

Fig. 94. — Moteur Latour.

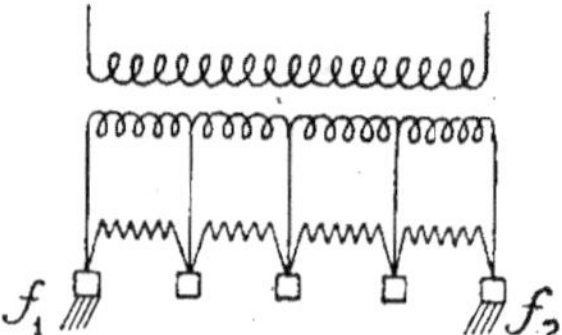

Fig. 95. — Moteur Heyland.

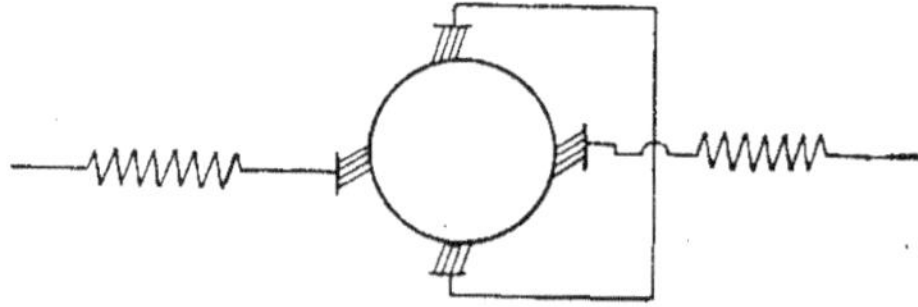

Fig. 96. — Moteur Osmos.

sur les axes polaires, les autres sur les axes interpolaires, ces derniers court-circuités. Ce véritable compoundage (vitesse constante) s'applique également bien d'après l'auteur, au moteur shunt et au moteur série (fig. 96).

Ajoutons en terminant cette étude, pour laquelle nous renverrons le lecteur aux travaux originaux, que toute la question se ramène ici en somme, à l'étude simultanée, algébrique et géométrique, d'équations de la forme :

$$\left\{ \begin{array}{l} U_2 = R_2 I_2 + \mathcal{L}_2 \dfrac{d I_2}{dt} + E_2 \\ U_2 = r_2 \mathcal{J}_2. \end{array} \right.$$

$\mathcal{J}_2$, r_2 étant relatifs aux shunts, R_2, $\mathcal{L}_2$, I_2, E_2 à l'anneau du collecteur, et U_2 étant la tension appliquée à ces balais.

L'interprétation de ces équations et des résultats auxquels elles conduisent constitue un problème des plus intéressants. Il nous reste à regretter que les limites de l'ouvrage ci-dessus ne nous aient pas permis d'étendre à l'étude des moteurs mixtes les règles qui nous ont été si précieuses pour celle des moteurs à répulsion et des moteurs série compensés. Mais cette extension sera pour le lecteur relativement facile, s'il a bien voulu s'attacher à la compréhension intime des principes un peu délicats que nous avons cru devoir lui proposer, comme bases de ses futures recherches.

TABLE DES MATIÈRES

CHAPITRE PREMIER

Commutatrices.

CHAPITRE II

Commutatrices (*suite*).

CHAPITRE III

Commutatrices (*suite*).

148   TABLE DES MATIÈRES

CHAPITRE IV

Moteurs asynchrones à collecteur.

CHAPITRE V

Moteurs asynchrones à collecteur (*suite*).

CHAPITRE VII

Moteurs asynchrones à collecteur (*suite*).

CARNETS ET BLOCS

EN PAPIER MILLIMÉTRÉ

POUR CROQUIS ET RÉDUCTIONS GÉOMÉTRIQUES

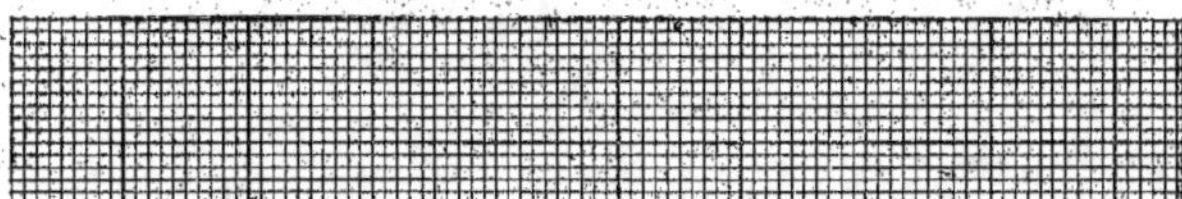

Subdivisions par centimètres avec lignes plus fortes chaque 5 millimètres

	PAPIER transparent		PAPIER FORT	
	Nos	Fr.	Nos	Fr.
BLOCS SUR CARTON, 13 ½ × 21 :				
Le bloc .. de 100 feuillets		1 »		1.30
Par 10 carnets	501	0.90	502	1.20
Par 50 —		0.80		1.05
Par 100 —		0.70		0.95
Le bloc .. de 200 feuillets		1.80		2.40
Par 10 carnets	503	1.65	504	2.15
Par 50 —		1.45		1.90
Par 100 —		1.25		1.70
— Id. — 21×27 :				
Le bloc .. de 100 feuillets		1.90		2.50
Par 10 carnets	505	1.70	506	2.25
Par 50 —		1.50		2 »
Par 100 —		1.35		1.75
Le bloc .. de 200 feuillets		3.60		4.80
Par 10 carnets	507	3.25	508	4.30
Par 50 —		2.90		3.85
Par 100 —		2.50		3.35
PIQURES, couverture moleskine, 13 ½ × 21 :				
Le carnet de 100 feuillets		1.50		1.80
Par 10 carnets	509	1.35	510	1.60
Par 50 —		1.20		1.45
Par 100 —		1 »		1.25
Le carnet de 200 feuillets		2.75		
Par 10 carnets	511	2.50		
Par 50 —		2.20		
Par 100 —		1.90		
— Id. — 21 × 27 :				
Le carnet de 100 feuillets		3 »		3.75
Par 10 carnets	513	2.70	514	3.40
Par 50 —		2.40		3 »
Par 100 —		2.10		2.60
Le carnet de 200 feuillets		5.50		
Par 10 carnets	515	4.95		
Par 50 —		4.40		
Par 100 —		3.85		

Les **Blocs** *et* **Piqûres** *se font en noir, bleu ou bistre au gré des clients.*

PAPIER MILLIMÉTRÉ, subdivisions par centimètre, avec divisions plus fortes de 5 en 5 centimètres :

	Fr.	Fr.
La feuille, 50×65	0.10	0.20
Les 100 feuilles —	8.50	17 »
Les 500 — —	40 »	80 »

Toute demande au-dessus de **10** francs, envoi franco.

TRAITÉ PRATIQUE

DE

TRACTION ÉLECTRIQUE

Par MM.

L. BARBILLION
Ingénieur-Électricien
Docteur ès sciences, Maître de Conférences
à l'Institut Electro-Technique
de l'Université de Grenoble

G. J. GRIFFISCH ⚙
Ingénieur Civil
Professeur de Mécanique
Chef des Etudes de la Traction Mécanique
à la Cie G^{ale} des Omnibus de Paris

EXTRAIT DE LA TABLE DES MATIÈRES

PREMIER VOLUME

CHAPITRE PREMIER. — *Voie ferrée*. — Première Partie : Construction et matériel. — Deuxième Partie : Appareils de voies. — Troisième Partie : Dépense d'établissement des voies. — CHAPITRE II. — *Production de l'énergie*. — Première Partie : Utilisation des sources d'énergie. — Stations centrales. — Deuxième Partie : Matériel mécanique des usines centrales. Générateurs de vapeur. — Machines à vapeur. — Appareils de condensation. Moteurs à gaz et gazogènes. Moteurs hydrauliques. — Troisième Partie : Matériel électrique des usines centrales. Dynamos génératrices. Tableaux de distribution. Batteries stationnaires. — Quatrième Partie : Calcul d'une station de force motrice pour un service de traction. — Cinquième Partie : Coûts d'établissement et d'exploitation des stations centrales. — Sixième Partie : Monographie de quelques usines de traction. Appendice. Projet d'exécution d'une usine centrale de traction. — CHAPITRE III. — *Transmission de l'énergie*. — Première Partie : Considérations générales et principes fondamentaux. — Deuxième Partie : Distribution de l'énergie par courants continus. — Troisième Partie : Distributions par contacts superficiels et trolley souterrain. — Quatrième Partie : Traction par accumulateurs. — Appendice : Comparaison économique des divers modes de traction. — CHAPITRE IV — *Distribution du courant aux moteurs*. — Classification des systèmes d'alimentation. — Systèmes à alimentation indirecte. — Première Partie : Alimentation continue aérienne. — Deuxième Partie : Voie électrique. — Courant de retour. Appendice : Projet-type de services suburbain et interurbain. — CHAPITRE V. — *Moteurs de traction et équipements électriques*. — Première Partie : Etude théorique du moteur à courant continu. — Deuxième Partie : Moteurs de traction à courant continu. — Troisième Partie : Types divers de moteurs. — Quatrième Partie : Régulateurs et équipements à courant continu. — Cinquième Partie : Moteurs de traction à courants alternatifs. — Sixième Partie : Régulateurs de traction à courants alternatifs.

DEUXIÈME VOLUME

CHAPITRE VI. — *Matériel roulant*. — Première Partie : Voitures automotrices et tracteurs. — Deuxième Partie : Matériel roulant accessoire. — Troisième Partie : Freins. — Quatrième Partie : Accessoire du matériel roulant. — CHAPITRE VII. — *Tramways électriques*. — Première Partie : Généralités. — Tramways urbains. — Deuxième Partie : Tramways interurbains et de pénétration. — Troisième Partie : Distribution de l'énergie par courants alternatifs. — Lignes aériennes — Lignes souterraines. — Quatrième Partie : Projets-types de transmission de puissance — CHAPITRE VIII. — *Chemins de fer électriques*. — Considérations générales. — Première Partie : Métropolitains. — Deuxième Partie : Chemins de fer interurbains à grande vitesse. — Troisième Partie : Trains rapides à traction électrique. — CHAPITRE IX — *Services spéciaux de traction électrique*. — Première Partie : Trottoirs roulants et chemins de fer suspendus. — Deuxième Partie : Chemins de fer de mines et industriels. — Troisième Partie : Traction sur fortes rampes. — Quatrième Partie : Traction sur les canaux. — Cinquième Partie : Automobiles électriques. — CHAPITRE X. — *Législation*. — Lois, décrets et arrêtés concernant les chemins d'intérêt local et les tramways. Lois et règlements sur l'établissement des canalisations électriques.

L'ensemble de cet important ouvrage comprend deux volumes
grand in-8 de 1500 pages
avec plus de 900 figures intercalées dans le texte

Prix de l'ouvrage complet : 40 fr.

4ᵉ Édition

TRAITÉ
THÉORIQUE ET PRATIQUE
DES

MOTEURS A GAZ ET A PÉTROLE
Par M. Aimé WITZ

Ingénieur des Arts et Manufactures, Docteur ès Sciences
Professeur à la Faculté Libre des Sciences de Lille, Lauréat de l'Institut (Prix Montyon de Mécanique)
et de la Société des Ingénieurs Civils de France (Prix Schneider)

Ce Traité est la quatrième édition de l'ouvrage bien connu sous le même titre; l'auteur a refondu les trois volumes parus en 1891, en 1895 et 1899 en deux forts volumes, grand in-8ᵉ, de plus de 500 pages chacun. Ce sera le traité le plus complet publié sur la question si actuelle des moteurs à gaz.

Le Tome Iᵉʳ est consacré à l'étude générique et expérimentale des moteurs; le Tome II renferme la monographie des principales machines qui ont été construites avec une discussion de leurs qualités et la description détaillée de leurs organes.

Le premier volume intéressera au même degré les théoriciens et les praticiens. Après avoir raconté l'histoire des moteurs, jusqu'en 1903, et avoir établi la base de leur classification, M. Witz étudie longuement les combustibles dont on alimente les moteurs : gaz de ville, gaz à l'eau, gaz pauvres, gaz de hauts fourneaux, air carburé, acétylène, pétrole et alcool. Un livre entier est consacré aux *gazogènes*, à injecteur de vapeur, à ventilateur, à aspiration et à combustion renversée.

La théorie générique des moteurs, donnée par l'auteur en 1884 et adoptée généralement, a été revue et complétée avec le plus grand soin, de manière à répondre à toutes les critiques et à satisfaire les théoriciens les plus scrupuleux. Mais la théorie expérimentale, entendue comme le faisait Hirn, jette plus de lumière encore sur le sujet et se prête à des applications plus immédiates: on sait que c'est l'œuvre capitale de M. Witz.

Les essais des moteurs font l'objet d'une étude critique approfondie; elle est suivie d'un exposé des résultats les plus dignes d'attention obtenus sur les meilleurs moteurs.

Le Tome I se termine par l'exposé des méthodes permettant de calculer la puissance d'une machine construite et les dimensions d'une machine à construire suivant un programme déterminé.

Préparée de la sorte, l'étude individuelle des moteurs, qui est reportée au Tome second, devait être intéressante et fructueuse.

M. Witz y décrit et étudie cent douze moteurs à gaz et trente-neuf moteurs à pétrole; il discute leurs qualités respectives et met en lumière ce qu'ils présentent de neuf et d'original au point de vue théorique et pratique. Des vues d'ensemble, accompagnées de coupes nombreuses, permettent de se rendre compte de la disposition de leurs organes et des détails de leur construction.

Un chapitre spécial est consacré à l'étude comparative des principaux éléments des moteurs; ces rapprochements synthétiques sont l'occasion d'une nouvelle discussion critique des dispositifs adoptés par les meilleurs constructeurs, dans laquelle l'auteur a accumulé les renseignements techniques qui peuvent intéresser les inventeurs et les constructeurs.

Un autre chapitre a pour objet l'installation, la conduite et l'entretien des moteurs : c'est un exposé clair et méthodique de ce que doivent savoir les industriels, qui emploient les moteurs à gaz. La lecture de ce résumé leur épargnera bien des mécomptes, car ils y trouveront de précieuses indications.

Il fallait enfin faire connaître les nombreuses applications des moteurs dans la petite et la grande industrie, et établir sur ces chiffres indiscutables les avantages économiques et pratiques de leur emploi. Ici encore les documents abondent et ils plaident éloquemment la cause de ces remarquables machines, dont M. Witz avait entrevu les grandes destinées dès 1885, lors de la publication de la première édition de son livre.

L'ensemble de l'ouvrage comprend deux forts volumes grand in-8ᵉ jésus de 1136 pages, 575 figures intercalées dans le texte, et 6 phototypies hors texte.

Prix des deux volumes brochés . . . . **30** fr.

Un Supplément comprenant les derniers perfectionnements apportés aux Gazogènes et aux Moteurs à Gaz *est en préparation*.